BESTACTIVITYBOOKS.COM

Copyright © 2022 LINGUAS CLASSICS

Todos los derechos están reservados. Ninguna parte de este libro puede ser reproducida o utilizada de ninguna manera sin el permiso escrito del titular de los derechos de autor, excepto para el uso de citas en una reseña de libros.

PRIMERA EDICIÓN - 2022

Ilustración Gráfica Extra: www.freepik.com
Gracias a Alekksall, Starline, Pch.vector, Rawpixel.com, Vectorpocket, Dgim-studio, Upklyak, Macrovector, Stockgiu, Pikisuperstar & Freepik.com Designers

Descubra Juegos Gratis Online

Disponibles Aquí:

BestActivityBooks.com/FREEGAMES

5 CONSEJOS PARA EMPEZAR

1) CÓMO RESOLVER LAS SOPA DE LETRAS

Los rompecabezas tienen un formato clásico:

- Las palabras se ocultan sin espacios ni guiones,...
- Orientación: Las palabras pueden escribirse hacia delante, hacia atrás, hacia arriba, hacia abajo o en diagonal (pueden estar invertidas).
- Las palabras pueden superponerse o cruzarse.

2) APRENDIZAJE ACTIVO

Junto a cada palabra hay un espacio para anotar la traducción. Para fomentar un aprendizaje activo, un **DICCIONARIO** al final de esta edición te permitirá comprobar y ampliar tus conocimientos. Busca y anota las traducciones, encuéntralas en el puzzle y añádelas a tu vocabulario!

3) MARCAR LAS PALABRAS

Puedes inventar tu propio sistema de marcado. ¿Quizás ya usas uno? También puedes, por ejemplo, marcar las palabras difíciles de encontrar con una cruz, las que te gustan con una estrella, las nuevas con un triángulo, las raras con un diamante, etc.

4) ESTRUCTURAR EL APRENDIZAJE

Esta edición ofrece un **CUADERNO DE NOTAS** muy práctico al final del libro. En vacaciones, de viaje o en casa, podrás organizar fácilmente tus nuevos conocimientos sin necesidad de un segundo cuaderno!

5) ¿HABÉIS TERMINADO TODAS LAS PARRILLAS?

En las últimas páginas de este libro, en la sección **DESAFÍO FINAL**, encontrarás un juego gratis!

¡Rápido y sencillo! Echa un vistazo a nuestra colección de libros de actividades para tu próximo momento de diversión y aprendizaje, ¡a sólo un clic de distancia!

Encuentre su próximo reto en:

BestActivityBooks.com/MiProximoLibro

En sus marcas, listos, ¡Ya!

¿Sabías que hay unas 7.000 lenguas diferentes en el mundo? Las palabras son preciosas.

Nos encantan los idiomas y hemos trabajado duro para crear libros de la más alta calidad para tí. ¿Nuestros ingredientes?

Una selección de temas adecuados para el aprendizaje, tres buenas porciones de entretenimiento, y luego añadimos una cucharada de palabras difíciles y una pizca de palabras raras. Los servimos con cariño y máxima diversión para que puedas resolver los mejores juegos de palabras y te diviertas aprendiendo!

Tu opinión es esencial. Puedes participar activamente en el éxito de este libro dejándonos un comentario. Nos encantaría saber qué es lo que más le ha gustado de esta edición.

Aquí hay un enlace rápido a tu página de pedidos:

BestBooksActivity.com/Opiniones50

Gracias por tu ayuda y diviértete!

Todo el equipo

1 - Agua

```
I  C  J  L  K  U  C  S  G  H  C  V  H  J  F  O
A  Q  H  G  U  O  G  U  U  W  Y  U  A  R  V  T
H  M  U  Y  O  T  S  Q  S  F  K  K  I  F  A  P
O  U  Y  F  U  L  E  T  S  A  K  A  H  O  L  P
G  K  R  U  K  A  P  J  E  R  Y  N  T  T  T  S
V  H  Y  R  N  A  M  H  D  U  M  A  U  U  A  T
R  I  Ö  G  I  M  U  L  A  N  S  V  M  L  M  Q
M  U  H  K  K  K  C  K  S  Y  W  A  I  V  E  N
P  S  S  G  O  Q  A  Y  K  Y  L  V  N  A  R  S
A  T  C  T  J  S  S  A  K  D  T  P  E  L  I  I
K  V  W  G  K  B  T  I  N  U  U  S  N  O  M  Z
K  V  I  I  Y  F  W  E  H  I  H  J  Ä  Ä  N  N
A  B  V  R  T  N  F  L  A  V  H  M  I  D  R  B
N  F  A  M  W  F  U  E  C  R  A  W  A  B  J  L
E  V  F  D  I  U  G  K  U  Ä  G  E  Y  S  I  R
N  C  S  P  E  C  W  P  N  J  C  T  R  D  P  J
```

KANAVA	JÄRVI
SUIHKU	SADE
HAIHTUMINEN	MONSUUNI
GEYSIR	LUMI
PAKKANEN	VALTAMERI
JÄÄN	AALTO
KOSTEUS	KASTELU
HURRIKAANI	JOKI
KOSTEA	HÖYRY
TULVA	

2 - Arqueología

```
S J Ä L K E L Ä I N E N P Z T U
A I M I I T P K P K E L H T E N
S T V A R V I O I N T I R U M O
I K P I R O S S E F O R P N P H
A E A Q L H A U T A W P E T P D
N J F I W I R E E T S Y M E E E
T B O S K T S A M D D A U M L T
U O S Y E A P A V F E H B A I T
N B S Y J G K T A N Z V W T Q U
T C I L L V P A U T E Q R O M E
I C I A U S F I U T I B K N Y I
J C L N Z O F S T S K O W J H R
A U I A D K W Q T W I I L C E F
H A N T I I K I N Q M I J S F M
Q H O W A J E T T N E M G A R F
L U U T J Ä Ä N N E V F A O W R
```

ANALYYSI	FRAGMENTTEJA
ANTIIKIN	LUUT
SIVILISAATIO	TUTKIJA
JÄLKELÄINEN	MYSTEERI
TUNTEMATON	OBJEKTI
TIIMI	UNOHDETTU
AIKAKAUSI	PROFESSORI
ARVIOINTI	JÄÄNNE
ASIANTUNTIJA	TEMPPELI
FOSSIILI	HAUTA

3 - Granja #2

```
O  W  D  O  T  R  A  K  T  O  R  I  J  Z  Z  M
H  D  M  G  N  V  E  H  N  Ä  R  D  G  V  I  E
N  I  I  T  T  Y  Q  Y  I  I  A  J  A  B  A  H
V  I  L  J  E  L  I  J  Ä  S  P  M  P  R  I  I
K  A  R  I  T  S  A  Y  T  S  A  M  A  A  L  L
H  E  D  E  L  M  Ä  Y  H  I  I  M  N  B  K  Ä
W  M  V  H  E  V  O  T  I  A  M  K  M  A  N  I
N  N  I  W  L  D  J  Y  Z  M  E  A  U  A  V  S
T  P  H  E  Ä  N  A  Y  W  J  N  S  D  K  L  P
L  R  A  L  I  T  M  L  H  V  P  T  Q  O  Q  E
S  Q  N  P  M  A  Z  T  A  Y  O  E  F  U  V  S
C  L  N  S  E  V  A  Q  K  T  K  L  C  R  T  Ä
O  S  E  H  T  Q  P  W  K  Z  O  U  B  U  M  T
P  H  S  A  S  D  W  O  N  V  D  I  S  M  S  U
M  G  R  R  T  Z  I  F  A  M  C  C  P  E  P  L
Y  K  P  A  H  R  A  T  Ä  M  L  E  D  E  H  M
```

VILJELIJÄ	LAAMA
ELÄIMET	MAISSI
OHRA	LAMMAS
MEHILÄISPESÄ	PAIMEN
RUOKA	ANKKA
KARITSA	NIITTY
HEDELMÄ	KASTELU
LATO	TRAKTORI
HEDELMÄTARHA	VEHNÄ
MAITO	VIHANNES

4 - Aviones

```
I H L O S C F P Q J T G K O S Y
R L I J Z F N Q P O A K O D N W
O M M S Y L V A B T I M R F H M
T W Z A T N U U S U V I K P D P
T S C L E O F I S T A E E N T O
O P I N V L R R D F S H U A P T
O A I H Y W K I M O K I S V P K
M Y P O A F S K A R K S D I O U
L A S K U W U I U M I T Y G L R
I L M A P A L L O I L Ö D O T I
A C A N U O E Z B N M T D I T L
L V P I L O T T I G A C W D O Z
M A T K U S T A J A I U N A A L
S E I K K A I L U P N D Z Y I R
W Y N E N I M A T N E K A R N E
H J U H S K E E D A N V P C E K
```

ILMA	ILMAPALLO
KORKEUS	POTKURI
LASKU	VETY
ILMAINEN	HISTORIA
SEIKKAILU	MOOTTORI
TAIVAS	NAVIGOIDA
POLTTOAINE	MATKUSTAJA
RAKENTAMINEN	PILOTTI
SUUNTA	MIEHISTÖ
UTFORMING	

5 - Tipos de Cabello

```
P H Q M G B B T Y H Y L Y C B V
Z B M U G P W A R A H I K D Y G
J M F K Y E V R E T U U C M J O
C E J A P K B A E P O H B A P C
R L A Y W L T H W T I O T P I U
K U Q R N E N I O K L A V A T S
P A S M B K U K M M R V M K K W
U T L K R U P E H M E Ä S Ä K
N S G J E P E I T W M L W U P I
O U R O U A C Z V I E I I U U I
S M Y A O B T U E A K O H M N L
U M H O F R C C G A D T V Q O T
V A A L E A O H U T M L Z I T Ä
H A R M A A N W N H T A G S T V
S R A O M E Q W Z D J A G T U Ä
P E C B U J I J Z N C Z J W R V
```

VALKOINEN	AALTOILEVA
KIILTÄVÄ	HOPEA
KALJU	KIHARA
LYHYT	KIHARAT
OHUT	VAALEA
HARMAA	TERVE
PAKSU	KUIVA
PITKÄ	PEHMEÄ
RUSKEA	PUNOTTU
MUSTA	PUNOS

6 - Ciencia Ficción

```
S  Y  D  H  Ä  J  Ä  R  U  O  E  I  U  K  Ä  K
S  A  J  E  N  A  A  M  O  R  B  T  L  D  Ä  A
I  K  L  A  N  T  A  A  P  O  T  K  U  T  R  U
L  L  E  A  M  L  I  A  A  M  T  A  J  R  I  K
E  Q  L  N  P  P  L  A  N  E  E  T  T  A  M  A
K  I  C  U  A  E  G  A  L  A  K  S  I  F  M  I
K  C  O  W  U  A  R  A  W  R  S  U  T  A  Ä  N
A  H  S  F  T  S  R  Ä  U  C  U  B  E  N  I  E
A  Y  J  M  K  A  I  I  I  G  P  O  K  T  N  N
R  U  T  O  P  I  A  O  O  N  S  I  N  A  E  C
O  I  V  K  O  O  D  F  O  D  E  W  O  S  N  D
E  L  O  K  U  V  A  V  H  D  J  N  L  T  W  S
L  I  T  I  M  A  J  J  F  D  T  Z  O  I  B  Z
H  J  N  R  M  R  O  B  O  T  T  I  G  N  P  R
B  R  E  A  L  I  S  T  I  N  E  N  I  E  C  F
F  U  T  U  R  I  S  T  I  N  E  N  A  N  N  Z
```

ELOKUVA	KIRJAT
KAUKAINEN	SALAPERÄINEN
SKENAARIO	MAAILMA
RÄJÄHDYS	ROMAANEJA
ÄÄRIMMÄINEN	ORAAKKELI
FANTASTINEN	PLANEETTA
ANTAA POTKUT	REALISTINEN
FUTURISTINEN	ROBOTTI
GALAKSI	TEKNOLOGIA
ILLUUSIO	UTOPIA

7 - Granja #1

```
S  F  H  I  T  T  M  J  D  E  P  H  A  V  F  Q
H  E  V  O  N  E  N  E  V  C  E  E  A  M  K  V
I  K  O  Q  O  U  W  V  H  S  F  I  S  I  I  R
C  W  T  U  G  P  M  U  A  I  C  N  I  S  U  Y
V  M  P  G  U  V  N  O  I  F  L  Ä  E  E  F  W
S  A  O  M  Z  B  K  H  F  V  F  Ä  U  V  R  O
I  R  S  V  T  R  I  I  M  R  P  J  I  R  H  K
E  I  U  I  T  N  S  S  A  H  G  B  O  N  R  V
M  O  O  J  K  S  S  I  A  L  E  H  M  Ä  E  I
E  K  L  Q  H  K  A  G  Z  V  J  D  L  V  U  N
N  K  A  H  M  U  A  T  I  A  U  H  C  J  M  A
E  E  T  I  O  N  N  A  L  R  G  H  M  T  F  D
T  V  A  V  S  Q  A  A  D  I  O  G  D  W  Q  K
T  M  A  L  E  I  K  J  J  S  K  E  N  T  T  Ä
N  D  M  U  S  E  T  Y  S  A  A  P  C  S  Z  W
I  N  L  K  K  N  U  D  L  O  Z  N  H  P  A  Y
```

MEHILÄINEN	KISSA
MAATALOUS	HEINÄ
VESI	HUNAJA
RIISI	KOIRA
AASI	KANA
HEVONEN	SIEMENET
VUOHI	VASIKKA
KENTTÄ	MAA
VARIS	LEHMÄ
LANNOITE	AITA

8 - Camping

```
H D K T U K T O P A A T N A J J
Y A A E H Ö V J U B R Y R Q Z V
Ö I N M Ä Y L Y H T Y K W B I N
N K O I C S Y T S Ä S T E M I J
T H O Ä S I T S E M Ö K K I A R
E A T L H S C E G K U U C J B R
I T T E K S I H M A U P Y O U Q
N T I N P A U U C B P J Ä R V I
E U Y L N P I L A I T T E E T R
N K U B G M M W I L U O N T O O
R E G F E O I Y O A Y H Q J I U
Z Z Y A R K Z G A T K B W H W V
R I I P P U M A T T O K H M N V
N H O Q Y D Z G C R A J I R C W
U F J V C N H K P A E B D E Y R
Y J D W S L V Q Z K J E N Q S K
```

ELÄIMET	ANTAA POTKUT
SEIKKAILU	RIIPPUMATTO
PUU	HYÖNTEINEN
METSÄ	JÄRVI
KOMPASSI	LYHTY
MÖKKI	KUU
KANOOTTI	KARTTA
METSÄSTYS	VUORI
KÖYSI	LUONTO
LAITTEET	HATTU

9 - Fruta

```
O B A N A A N I V I I K O R O N
B I K G P A Q P J U T L R B D E
R D G K T J F E K Ä Y U A P W K
M K C M K M E L O N I U N Q N T
O M O O J K O Ä D Y R M S J Y A
Z E K K R L B P A R M U S M U R
A T F I O J M Y K Ä O A I N H I
Y I F S R S E R O Ä A O N O U I
G H L O Z S N Y V P Z I Y G Z N
V P Q O K Z I Ø A M A R J A O I
M V F K S T M K T S I T T W E N
C C T I H H F F K T I Z A C Z G
Z M Q R H D A C B A Q P U Y T W
O A H P O M E N A A N A N A S S
W P V A D E L M A K K I S R E P
Y S I T R U U N A G U A V A F R
```

AVOKADO	MANGO
APRIKOOSI	OMENA
MARJA	PERSIKKA
KIRSIKKA	MELONI
LUUMU	ORANSSI
KOKOSNØTT	NEKTARIINI
VADELMA	PÄÄRYNÄ
GUAVA	ANANAS
KIIVI	BANAANI
SITRUUNA	RYPÄLE

10 - Geología

```
S  K  M  A  L  W  T  A  U  W  R  K  I  V  I  L
T  V  A  K  V  P  J  S  G  N  Q  D  L  V  I  U
A  A  A  J  S  W  U  O  S  A  E  B  I  O  E  O
L  R  N  W  L  O  K  N  A  S  A  T  I  L  K  L
A  T  J  D  G  G  I  A  Q  S  A  Q  S  C  W  A
G  S  Ä  S  U  O  L  A  L  R  E  O  S  A  L  N
M  I  R  D  L  S  L  M  V  S  T  J  O  N  A  T
I  F  I  I  C  C  A  K  K  B  I  H  F  O  V  K
I  A  S  L  K  E  R  R  O  S  T  U  A  G  A  Q
T  M  T  M  A  L  O  I  H  G  C  O  M  P  U  M
I  W  Y  Z  F  A  K  S  W  T  A  B  H  B  P  K
T  A  S  O  T  D  R  Y  L  D  L  U  J  G  M  O
K  Q  L  L  P  Z  Q  E  B  P  A  R  V  K  S  Z
E  R  O  O  S  I  O  G  N  G  T  Z  I  Q  M  C
R  D  L  K  M  N  P  C  L  I  S  E  Q  F  Q  W
C  R  Y  S  T  A  L  C  N  K  M  P  S  O  T  Q
```

HAPPO	STALAGMIITIT
KALSIUM	FOSSIILI
KERROS	GEYSIR
LUOLA	LAVA
MAANOSA	TASANKO
KORALLI	MINERAALI
CRYSTAL	KIVI
KVARTSI	SUOLA
EROOSIO	MAANJÄRISTYS
STALACTITE	VOLCANO

11 - Inmigración

```
S  B  L  M  Y  A  A  H  H  K  S  R  A  A  B  Z
K  U  S  A  H  L  J  T  M  H  N  A  I  S  F  W
K  G  O  Y  K  F  E  T  N  S  E  H  K  U  W  L
T  R  D  J  W  I  L  E  I  K  U  O  U  M  B  E
T  I  S  S  E  R  T  S  O  P  V  I  I  I  A  C
G  I  S  T  N  L  P  P  V  R  O  T  S  N  S  E
Z  M  L  O  R  Y  U  A  N  O  T  U  E  E  I  K
Y  U  W  A  E  B  T  L  K  S  T  S  N  A  F
R  I  R  W  N  B  E  I  R  E  E  S  P  U  K  R
H  L  Z  N  F  N  B  F  I  S  L  F  D  I  I  A
F  C  W  C  I  I  E  A  E  S  U  U  B  I  R  T
V  I  E  S  T  I  N  T  Ä  I  T  K  U  O  J  K
T  A  K  A  R  A  J  A  J  V  O  Z  D  G  A  A
D  Q  H  Y  V  Ä  K  S  Y  N  T  Ä  A  S  N  I
C  Z  K  L  L  F  N  P  W  R  A  J  A  D  R  S
H  A  L  L  I  N  T  O  S  G  T  A  V  M  H  U
```

HALLINTO	LAKI
AIKUISET	NEUVOTTELU
HYVÄKSYNTÄ	LAPSET
VIESTINTÄ	UPSEERI
ASIAKIRJA	PROSESSI
STRESSI	SUOJELU
TAKARAJA	TILANNE
RAHOITUS	RATKAISU
RAJA	ASUMINEN
KIELI	

12 - Álgebra

R J A K O I T T N E N O P S K E
V A L L O N E N I R A A E N I L
Ä A T S I A K T A R W J E K K C
H M Z K R I I F U Ä E C T A A O
E U C I A U J M V J Ä V Z A A P
N U T E L I Ä R Ä V R E V V L
N T J V P M S S L Y Y E E A I J
Y T B D W H E U N M M S Y T O Z
S U O T W O T F U A Y M K O Ö C
U J F T Y R N Z M T C P G C L N
D A R G S H E M E R B K B W Ä F
D B G V S K R Ä R I U B Y L T T
O N G E L M A Ä O I M V R O H L
J O J A E C P R T S E J N E Y N
L H E E T P G Ä R I A S J V V N
I C R U D C L Q Z R O W P S Z E

MÄÄRÄ	ÄÄRETÖN
NOLLA	LINEAARINEN
KAAVIO	MATRIISI
JAKO	NUMERO
YHTÄLÖ	PARENTES
EKSPONENTTI	ONGELMA
TEKIJÄ	RATKAISTA
VÄÄRÄ	VÄHENNYS
KAAVA	RATKAISU
JAE	MUUTTUJA

13 - Plantas

```
P  K  W  J  D  A  H  K  C  R  T  K  M  E  L  K
V  A  S  A  M  M  A  L  A  U  V  H  E  V  E  A
C  S  U  L  K  R  C  K  I  S  R  M  T  G  H  S
O  V  T  U  B  K  B  W  M  M  V  J  S  S  T  V
S  I  K  V  L  O  U  E  Z  K  O  I  Ä  F  I  I
O  L  A  Y  A  O  P  K  F  E  M  T  S  H  E  T
M  L  K  S  N  Q  B  A  M  B  U  T  Q  T  N  I
H  I  N  V  N  D  E  N  O  R  Y  A  I  A  O  E
M  S  P  H  O  I  Q  M  E  F  I  R  U  U  J  D
A  U  Y  O  I  I  T  H  E  L  N  U  U  P  A  E
R  U  L  O  T  D  O  P  O  A  A  M  H  I  F  L
J  S  N  J  E  J  K  A  T  G  T  Y  G  L  I  Q
A  H  R  A  T  U  U  P  R  U  O  H  O  R  B  H
D  R  Q  C  P  J  U  U  P  U  S  K  A  Z  D  I
T  E  R  Ä  L  E  H  T  I  I  D  H  K  Q  F  F
U  C  H  I  B  A  L  I  I  F  T  D  H  R  I  P
```

PUSKA	LEHTIEN
PUU	PAPU
BAMBU	MURATTI
MARJA	RUOHO
METSÄ	PUUN LEHTI
KASVITIEDE	PUUTARHA
KAKTUS	SAMMAL
LANNOITE	TERÄLEHTI
KUKKA	JUURI
KASVISTO	KASVILLISUUS

14 - Suministros de Arte

```
C K Z H P M A A L I T L W G V O
Q Q I A A O M M W P K D O V E V
G Z J G P E I W V C V W R R S Z
Q M N B E N I O G H F L N Q I U
D F I Z R I L U T U O L I P V Y
A L M H I L A C E W K R T P A U
R O U I D E O I T A Y S T S S H
G O K O Q T D V S G N E V K Y W
M W E A V S L I U U Ä H Ä N C A
F H H D A U Y D M D Y I R K A D
T N Y E Q A U E T B Z L I A J B
K B Y C S L P S G A B Y S M B Y
S F P E G A B Ö Ö L J Y G E J H
G B T B L A D N Y Q Z R W R S A
N G Y B E M Z E S T M K A A K E
A K V A R E L L I T Ä A N H W T
```

ÖLJY	LUOVUUS
AKRYYLI	IDEOITA
AKVARELLIT	KYNÄ
VESI	PÖYTÄ
SAVI	PAPERI
PYYHEKUMI	LIIMA
MAALAUSTELINE	MAALIT
KAMERA	TUOLI
HARJAT	MUSTE
VÄRI	

15 - Negocio

```
R  H  L  B  R  M  Z  G  W  C  C  Y  F  D  Y  Q
N  A  R  U  B  U  Y  N  T  I  H  R  T  W  V  T
G  Z  H  U  A  H  U  Y  N  H  J  K  A  E  N  Y
V  G  R  O  V  M  S  C  M  R  G  A  V  U  N  V
U  S  U  T  I  O  J  I  S  Ä  I  E  A  Q  K  A
T  U  N  S  T  T  R  A  H  A  L  U  R  C  E  L
Y  N  L  I  N  O  U  E  P  O  D  Ä  A  U  I  U
Ö  N  H  M  Y  R  O  S  J  L  B  H  L  W  Y  U
N  A  H  I  Y  E  T  A  L  O  U  S  E  H  B  T
T  T  N  O  M  V  P  E  A  L  T  H  T  T  U  T
E  S  O  T  T  Y  Ö  N  A  N  T  A  J  A  D  A
K  U  O  S  D  Y  Y  H  T  I  Ö  R  N  B  S  P
I  K  T  Y  Ö  W  C  W  W  N  R  S  E  U  J  P
J  K  R  H  J  L  H  K  D  G  N  Z  A  T  E  U
Ä  J  S  D  P  Q  S  S  Z  K  K  K  Q  H  T  A
H  D  D  R  D  B  Q  A  L  E  N  N  U  S  T  K
```

URA	VEROT
KUSTANNUS	SIJOITUS
ALENNUS	TAVARA
RAHA	VALUUTTA
TALOUS	TOIMISTO
TYÖNTEKIJÄ	BUDSJETT
TYÖNANTAJA	MYYMÄLÄ
YHTIÖ	TYÖ
TEHDAS	KAUPPA
RAHOITUS	MYYNTI

16 - Jardín

```
M R M L I O N B Q L Y U H V D A
V J N P Q T U Q N F L H M H K U
A P E O M T R C U U G R E S S T
H W C B N A I Z R I U J V G U O
R U O H Y M N I M K P W V J W T
A Y L G E U I G I K U M J R E A
T R E L A P I O K N S F A V S L
Ä S T S M P L H K E K A R L K L
M L K T R I O O O P A Y Y P Y I
L A U I E I P U M H N W U R W C
E G A Z A R M R N D W V W W Y R
D N O P T B A H R A T U U P I O
E Z C M E U R S K U K K A C F S
H A L A B R T M S Z J Q T V S M
U P K E E O Ä S B I T S I U K Q
J P U U S O I J I J Y N A F H I
```

PUSKA	PUUTARHA
PUU	UGRESS
PENKKI	LETKU
NURMIKKO	LAPIO
LAMPI	KUISTI
KUKKA	RAKE
AUTOTALLI	MAAPERÄ
RIIPPUMATTO	TERASSI
RUOHO	TRAMPOLIINI
HEDELMÄTARHA	AITA

17 - Países #2

```
B O N I U Y V I L E C O J L B S
V M I N N J R E A A T I A R A Y
F I S A P D L E N T O M M V Z Y
W S U P A K O D R Ä F S A A Y R
R D Q A K R K N A T J G I L B I
T H S J I E I A E K E Ä K B F A
A F D C S I S D C S Q W A A H I
T P O P T K K U B N I U C N J P
K U T B A K E S D C M A A I A O
R G V W N A M T A N S K A A J I
I T Ä V A L T A R A N S K A H T
I R L A N T I Y U K R A I N A E
P O R T U G A L I U G A N D A H
A U S T R A L I A Y M B K V V J
T R R Z W A N M B F M D E T R L
L T T V U M O E E L I R V R V Z
```

ALBANIA	JAPANI
AUSTRALIA	LAOS
ITÄVALTA	MEKSIKO
TANSKA	PAKISTAN
ETIOPIA	PORTUGALI
RANSKA	VENÄJÄ
KREIKKA	SYYRIA
INDONESIA	SUDAN
IRLANTI	UKRAINA
JAMAIKA	UGANDA

18 - Tecnología

```
I  M  D  K  N  E  N  I  L  A  A  U  T  R  I  V
T  O  W  G  U  Ä  K  B  R  N  I  T  D  E  T  I
O  R  Q  P  U  R  Y  W  F  Z  B  I  I  W  U  N
K  A  M  E  R  A  S  T  K  T  L  E  G  H  T  T
F  O  F  W  V  O  U  O  T  O  O  T  I  H  K  E
N  O  J  E  S  H  U  T  R  Ö  G  O  T  T  I  R
M  M  N  I  T  U  S  S  J  I  I  K  A  A  M  N
Q  D  I  T  F  Q  I  I  U  C  C  O  A  V  U  E
W  I  A  R  T  R  L  M  S  M  B  N  L  U  S  T
Y  G  L  T  I  I  L  L  E  Z  D  E  I  A  U  K
T  I  E  D  O  T  A  E  S  Z  L  U  N  W  R  P
M  V  S  F  F  S  V  J  P  I  E  P  E  J  I  O
N  H  C  I  Q  E  R  H  N  Y  P  P  N  B  V  W
F  I  T  U  D  I  U  O  T  I  L  A  S  T  O  T
M  U  N  W  K  V  T  T  I  E  D  O  S  T  O  T
G  W  B  L  U  H  C  O  K  E  V  Q  Z  B  U  H
```

TIEDOSTO	TUTKIMUS
BLOGI	VIESTI
TAVUA	SELAIN
KAMERA	TIETOKONE
KURSORI	NÄYTTÖ
TIEDOT	TURVALLISUUS
DIGITAALINEN	OHJELMISTO
TILASTOT	VIRTUAALINEN
FONTTI	VIRUS
INTERNET	

19 - Números

```
K K F D M O C O D K Z D C P K Ä
O A D N Q A S S Y A U S O H Y T
L H Y H I U T T W N S U R O M N
M D A E A V C E V G A E S O M E
E E H G T T O G M B S G A I E M
T K I Y S U S O D A B Y A S N M
O S N U I E C I N M T S G K E Y
I A C N O E M L O K A I I A N K
S N G Ä T H D A L T T N I K R I
T F V M I K G A L H Ä G Ä K P S
A I Y E S D O M A F J J J Q K K
R A T S I O T I S K A K L U F A
O G D T I F N S Y K S I E E W K
I S I I V I Q E F I H A N H N R
I S M E A C K D Y H D E K S Ä N
K A T S I O T I S U U K S J P G
```

NELJÄTOISTA	YHDEKSÄN
NOLLA	KAHDEKSAN
VIISI	VIISITOISTA
NELJÄ	KUUSI
DESIMAALI	SEITSEMÄN
KUUSITOISTA	KOLMETOISTA
KYMMENEN	KOLME
KAKSITOISTA	YKSI
KAKSI	KAKSIKYMMENTÄ
MATEMATIIKKA	

20 - Física

```
C L I P B B G V Y L G Q Y K K S
E H B Y W P S L H D W C L I E Z
M O L E K Y Y L I M I Y E I M Y
I J J T Z I Q B Y E M N I H I Y
F R M E I H M F V K S Z S D A H
J O H S M H M F G A I N T Y L T
I A J P O G E N U N T O Ä T L I
H M H R T U Y Y C I E P Q Y I M
B I S O A A K D S I N E W S N O
W O U S A A K C B K G U Z J E O
E V U K J V R C K A S F U N T
E O J G K A A S S A M Y O B Q T
Y N A F E A E L E K T R O N I O
V I A C V K N P Q Y N F H H I R
G A T D U Z T E R M H T F Q W I
B P R C M W U R N T I Z S E Q C
```

KIIHDYTYS	MASSA
ATOMI	MEKANIIKKA
KAAOS	MOLEKYYLI
TIHEYS	MOOTTORI
ELEKTRONI	YDIN
KAAVA	HIUKKANEN
TAAJUUS	KEMIALLINEN
KAASU	YLEISTÄ
PAINOVOIMA	NOPEUS
MAGNETISMI	

21 - Belleza

```
K O S M E T I I K K A G B D Z E
P B Z H Z W T R Y C B H Q O T L
T U O K S U Y Ä K I H A R A T E
R G M G J B Y V S K K H L J Y G
W V J A I Y L Y A K I H O W J A
S C E E S Q I G K I L I E P L N
S M D T S D K L S E E S R P Ö S
T H U C F W Ä B E M Z I I A Q S
V Q A G A I S Y T W W L P L M I
T Y U M F O T O G E N E S V S T
I D E F P U O S B M Q Ä I E D S
T J W T E O Z J E L P G V L F I
Y A R M O R O S Z P N D Ä U U L
V I E H Ä T Y S T N P I R T O Y
W N V Y L F H Z Q D Q E I B Q T
V P Y V O P R E C D K P L Z Z S
```

ÖLJYT	TUOKSU
SHAMPOO	ARMO
VÄRI	MEIKKI
KOSMETIIKKA	IHO
ELEGANSSI	LEPPESTIFT
TYYLIKÄS	KIHARAT
VIEHÄTYS	RIPSIVÄRI
PEILI	PALVELUT
STYLISTI	SILEÄ
FOTOGEN	SAKSET

22 - Países #1

```
W  A  F  V  E  N  E  Z  U  E  L  A  A  J  O  H
O  F  T  I  P  T  D  Z  S  C  F  I  Z  P  Z  O
M  A  L  I  L  Z  V  U  I  A  Z  S  C  L  R  N
E  I  Y  A  U  I  F  E  N  E  G  Y  P  T  I  D
S  L  D  B  R  I  P  F  F  N  F  T  Z  E  V  U
P  A  Q  S  I  G  H  P  L  Q  D  I  H  C  H  R
A  T  A  I  G  L  E  B  I  K  N  E  U  U  P  A
N  I  B  M  Q  Q  V  N  F  I  C  S  Y  A  N  S
J  N  R  G  D  B  M  Q  T  C  N  D  V  D  O  Z
A  Q  A  S  K  A  S  Q  H  I  S  I  L  O  R  G
L  S  S  P  A  N  A  M  A  K  I  V  T  R  J  V
O  F  I  W  O  K  K  O  R  A  M  N  R  C  A  D
U  I  L  I  N  T  I  A  F  N  Y  F  A  N  P  N
P  H  I  W  C  G  P  J  A  A  L  I  K  W  Z  P
E  H  A  U  L  E  H  Q  P  D  B  D  D  D  I  Q
N  I  C  A  R  A  G  U  A  A  H  G  C  R  L  A
```

SAKSA	INTIA
ARGENTIINA	ITALIA
BELGIA	LIBYA
BRASILIA	MALI
KANADA	MAROKKO
ECUADOR	NICARAGUA
EGYPTI	NORJA
ESPANJA	PANAMA
FILIPPIINIT	PUOLA
HONDURAS	VENEZUELA

23 - Mitología

```
K K W U Q S G Q A L U K R F W L
A U U C P Y W G Q I R A K N A S
T K C O S O T U R I W T U I D S
E K S T L S T R C S Y A S E N A
U O G S V E A G P U N S K S E N
S N P O B P V L M O U T O A G K
D E S K W Y T A A K G R M M E A
J N C G S T A V I M P O U U L R
M U F I W E I O R N A F K O E I
V N M C W K V R U H E I S W O T
D K N A N R A W U O T N E L O A
H D K Q L A S I T I W K T R O R
B Q O Y V A I T T N I R Y B A L
G R K Y O U T I L V A H V U U S
L U O M I N E N U O H I R V I Ö
R L V D K I V W K K G K Q E R I
```

ARKETYPE	SOTURI
KATEUS	SANKARITAR
TAIVAS	SANKARI
LUOMINEN	LABYRINTTI
USKOMUKSET	LEGENDA
OLENTO	HIRVIÖ
KULTTUURI	KUOLEVAINEN
JUMALAT	SALAMA
KATASTROFI	UKKONEN
VAHVUUS	KOSTO

24 - Casa

```
K N O M J F N L H U A Q P K M D
E O T S A J R I K A K K A T A E
I V T G H K O V V Ä N I E S T P
T K A Y R C U O F U N A C A T E
T O K K A L L U P J D Q M I O I
I A I T T A L K H C P I U T I L
Ö U H V U G V H V U P P M A L I
K T A N U K K I L E O C M G J C
D O B A P T M U N Y R N G Q L V
P T J U I D Q S C M G F E F Y Q
J A K E L L A R I G H E G T Z R
L L Q A Z A M W Z U P S D Q A V
W L G S N I Y W Z W V T P F T O
T I W H O Y J E N V F P C Y S C
Q T H F D O B J F L U U T A D H
I C K A J I J S P L I Z V U S N
```

MATTO	HANA
ULLAKKO	PUUTARHA
KIRJASTO	LAMPPU
TAKKA	SEINÄ
KEITTIÖ	LATTIA
MAKUUHUONE	OVI
SUIHKU	KELLARI
LUUTA	KATTO
PEILI	AITA
AUTOTALLI	IKKUNA

25 - Artes Visuales

```
M  E  S  T  A  R  I  T  E  O  S  R  T  N  K  M
P  B  Y  Z  J  W  W  W  T  N  A  O  P  Ä  O  A
O  N  Z  V  G  Q  M  F  B  S  V  D  G  K  O  A
A  R  K  K  I  T  E  H  T  U  U  R  I  Ö  S  L
M  J  L  W  E  K  U  F  D  A  K  D  H  K  T  A
Z  U  I  Y  P  E  G  W  Q  L  O  K  E  U  U  U
E  T  O  L  I  I  Z  J  B  A  L  P  T  L  M  S
F  I  S  T  I  J  R  I  O  A  A  C  K  M  U  T
S  I  U  H  O  E  Y  A  L  M  V  I  V  A  S  E
E  L  U  D  R  K  T  K  V  E  I  S  T  O  S  L
V  P  V  I  A  P  U  I  Y  V  N  Q  H  J  Q  I
E  L  O  K  U  V  A  V  A  N  V  Q  L  Y  D  N
Z  J  U  S  H  E  S  N  A  T  Ä  K  Y  N  Ä  E
D  H  L  V  K  E  R  A  M  I  I  K  K  A  P  K
H  N  B  S  C  Z  L  A  K  K  A  W  I  Q  H  L
P  M  T  N  P  A  R  A  F  I  I  N  I  U  M  L
```

SAVI	VALOKUVA
ARKKITEHTUURI	LYIJYKYNÄ
TAITEILIJA	MESTARITEOS
LAKKA	ELOKUVA
MAALAUSTELINE	NÄKÖKULMA
PARAFIINI	MAALAUS
KERAMIIKKA	KYNÄ
KOOSTUMUS	MUOTOKUVA
LUOVUUS	LIITU
VEISTOS	

26 - Salud y Bienestar #2

```
W  T  D  P  R  U  O  K  A  V  A  L  I  O  S  J
H  I  E  R  O  N  T  A  G  R  D  D  R  C  A  E
P  P  D  I  O  F  Q  M  C  H  O  C  E  J  I  N
G  U  H  I  N  I  I  M  A  T  I  V  V  C  R  E
Y  A  L  L  E  R  G  I  A  S  T  Y  M  Y  A  R
S  T  R  E  S  S  I  F  J  U  K  S  N  G  U  G
F  H  Q  T  A  K  K  I  I  T  E  N  E  G  S  I
E  U  A  I  M  O  T  A  N  A  F  P  K  P  O  A
V  L  C  S  A  K  Y  R  I  L  N  C  K  E  T  S
R  A  P  P  O  H  I  U  U  U  I  U  B  U  T  A
E  H  P  Y  R  S  U  M  E  S  T  I  V  A  R  I
T  A  R  A  M  B  S  A  I  N  E  I  G  Y  H  R
D  K  A  N  I  I  R  O  L  A  K  Q  M  W  C  A
Q  O  F  I  O  N  N  R  J  O  T  A  T  R  E  A
E  U  V  Z  P  N  O  E  S  U  K  E  Y  U  Y  L
T  R  F  I  E  F  Q  A  N  R  W  C  C  V  B  A
```

ALLERGIA	HYGIENIA
ANATOMIA	SAIRAALA
RUOKAHALU	INFEKTIO
KALORI	HIERONTA
RUOKAVALIO	RAVITSEMUS
RUOANSULATUS	PAINO
ENERGIA	ELPYMINEN
SAIRAUS	TERVE
STRESSI	VERI
GENETIIKKA	VITAMIINI

27 - Adjetivos #1

A	E	E	T	I	E	K	T	D	Y	N	J	O	A	R	H
M	R	K	H	T	Ä	R	K	E	Ä	E	W	V	N	A	I
R	J	O	S	D	U	J	F	Z	L	U	Z	A	T	S	N
E	K	T	M	O	O	V	I	A	T	O	N	K	E	K	K
H	I	K	S	A	T	T	O	R	Y	I	F	A	L	A	P
E	R	H	U	V	A	I	O	N	M	E	Q	V	I	S	D
L	K	H	U	A	N	T	S	N	T	M	G	A	A	Ä	B
L	A	I	D	T	E	Z	T	K	V	A	B	C	S	V	E
I	S	D	F	L	N	E	N	I	L	L	E	D	Y	Ä	T
N	A	A	I	A	I	E	N	R	N	A	G	U	G	T	N
E	K	S	T	V	V	I	K	O	G	E	L	P	I	T	P
N	O	R	U	Y	I	R	U	U	S	V	N	R	F	Ä	M
W	V	L	M	B	I	J	I	N	R	E	D	O	M	H	C
H	R	R	M	T	T	J	Y	R	H	Q	A	A	E	E	W
B	A	B	A	H	K	S	S	U	B	B	R	U	U	I	T
S	P	F	L	Y	A	M	F	E	K	I	W	J	M	V	A

EHDOTON	TÄRKEÄ
AKTIIVINEN	VIATON
AROMAATTINEN	NUORI
VIEHÄTTÄVÄ	HIDAS
KIRKAS	MODERNI
VALTAVA	TUMMA
EKSOTISK	TÄYDELLINEN
ANTELIAS	RASKAS
SUURI	VAKAVA
REHELLINEN	ARVOKAS

28 - Familia

```
V A P W F C V E M D Y L L R V M
A S E T Ä N I L A P S I R P E B
I T I Ä O S I K D O U Y S O L B
M H H V Ä I D I N W V Y E J J L
O T V A E U R F L R O G R A E S
L Y E E C L Q L R S H U K N N J
R T N G L F J S H U G K K P T L
A Ä L M M I M E I U L L U O Y Z
F R R N I Ä V Q N S M U L I T D
M O I T E S P A L P Ä C F K Ä G
A B H M S I G T T A O I P A R K
T Ä T I D O Y Q I L R I Q J Z Ä
S N W Q S S F B I R S T K P R I
C Y P J T I S I S K O L W A E T
F M S V U I E F T T M L J M Z I
P F F Q J O J R T B J I T E M O
```

ISOÄITI	ÄIDIN
ISOISÄ	POJANPOIKA
STAMFAR	LAPSI
VAIMO	LAPSET
SISKO	ISÄ
VELI	SERKKU
TYTÄR	VELJENTYTÄR
LAPSUUS	VELJENPOIKA
ÄITI	TÄTI
MIES	SETÄ

29 - Disciplinas Científicas

```
G  C  Q  A  R  N  T  B  O  C  S  F  M  T  B  S
A  R  K  E  O  L  O  G  I  A  F  Y  E  Ä  I  O
A  N  A  T  O  M  I  A  S  U  S  S  T  H  O  S
I  M  M  U  N  O  L  O  G  I  A  I  E  T  K  I
P  S  Y  K  O  L  O  G  I  A  I  O  O  I  E  O
K  I  E  L  I  T  I  E  D  E  G  L  R  T  M  L
K  A  S  V  I  T  I  E  D  E  O  O  O  I  I  O
U  V  B  J  R  C  U  D  V  P  L  G  L  E  A  G
N  E  U  R  O  L  O  G  I  A  O  I  O  D  O  I
L  G  E  O  L  O  G  I  A  Y  K  A  G  E  Y  A
U  H  L  A  I  G  O  L  A  R  E  N  I  M  C  E
N  F  K  D  D  E  A  K  K  I  I  N  A  K  E  M
S  H  L  P  E  U  S  U  M  E  S  T  I  V  A  R
J  I  G  Y  J  A  L  E  E  D  V  R  M  Z  K  U
B  I  O  L  O  G  I  A  G  I  E  U  E  W  S  M
E  L  Ä  I  N  T  I  E  D  E  E  Y  K  A  D  T
```

ANATOMIA	KIELITIEDE
ARKEOLOGIA	MEKANIIKKA
TÄHTITIEDE	METEOROLOGIA
BIOLOGIA	MINERALOGIA
BIOKEMIA	NEUROLOGIA
KASVITIEDE	RAVITSEMUS
EKOLOGIA	PSYKOLOGIA
FYSIOLOGIA	KEMIA
GEOLOGIA	SOSIOLOGIA
IMMUNOLOGIA	ELÄINTIEDE

30 - Cocina

```
G K Z D I I O D F U T D D J P V
D R U T F G M L U U O S T J A E
U E I P T E D H Z N K U U Ä K I
E L T L I G V C G I I J N Ä A T
K F P R L T E E T S U A M K S S
A A E K A I I V O G P S M A T E
U G S B C H V D H N Ä K S A I T
H B E W R R V Q R A M E I P N K
A M R K E A U K N H Ö J E P L A
D K V O Q C R Ä D Ö Y S N I U T
R U O K A N I I L I S E I P S T
Q N K H A M J D M I V E K Y I I
A N I I L S A T U A L Q K B K L
J A O W W U M Z N Z V F J W A A
B K J Y Q N K T N T O T P C T H
C M M Q B W Z G L H Q O P G K B
```

KATTILA	UUNI
SYÖDÄ	KANNU
RUOKA	SYÖMÄPUIKOT
PAKASTIN	GRILLI
LUSIKAT	RESEPTI
KAUHA	JÄÄKAAPPI
VEITSET	LAUTASLIINA
ESILIINA	KUPIT
MAUSTEET	KULHO
SIENI	GAFLER

31 - Moda

```
I  S  Q  K  L  Q  Y  R  E  B  V  K  T  A  S  V
D  Y  L  A  K  Q  G  A  D  O  A  A  Y  L  U  O
P  V  P  L  W  A  F  K  U  U  A  N  Y  K  U  S
P  Z  H  L  F  F  R  E  L  T  T  G  L  U  N  H
K  A  O  I  V  U  K  N  L  I  I  A  I  P  T  I
T  Z  I  S  N  Y  H  N  I  Q  M  S  K  E  A  E
A  Y  G  N  R  R  E  E  N  U  A  W  Ä  R  U  N
T  S  Y  L  I  T  E  A  E  T  W  S  Ä  S  O
I  I  V  L  R  K  D  D  N  S  O  C  U  I  D  S
M  R  Y  Y  I  S  K  J  O  M  N  W  V  N  Z  T
U  N  Z  N  R  I  B  E  V  M  P  L  A  E  T  U
T  C  Z  L  E  T  K  V  E  Y  V  O  A  N  Q  N
I  P  O  N  D  K  I  I  S  T  I  P  T  S  N  U
D  Z  N  Q  O  A  F  N  V  V  P  K  E  H  F  T
E  R  F  W  R  R  E  Y  P  G  O  K  Q  T  N  B
N  J  U  L  B  P  T  F  U  L  B  K  K  O  A  O
```

EDULLINEN	VAATIMATON
BRODERI	ALKUPERÄINEN
PAINIKKEET	KUVIO
BOUTIQUE	PRAKTISK
KALLIS	VAATE
TYYLIKÄS	HIENOSTUNUT
PITSI	KANGAS
TYYLI	SUUNTAUS
MITAT	RAKENNE
MODERNI	

32 - Electricidad

```
W  S  O  H  B  K  R  C  S  Q  P  T  Z  J  A  P
I  R  O  T  T  A  A  R  E  N  E  G  C  L  A  O
R  K  A  V  I  A  O  V  H  J  O  G  C  O  J  S
T  N  D  P  U  P  P  M  A  L  K  K  M  S  A  I
R  E  S  A  L  E  N  U  J  V  Y  S  K  T  T  T
V  G  T  O  L  L  M  G  C  O  D  P  T  R  N  I
L  A  E  B  N  I  F  W  T  M  H  B  S  G  E  I
A  T  L  J  Z  T  A  K  K  U  Ä  D  O  E  S  V
I  I  E  E  F  T  N  E  A  A  V  Ä  O  C  A  I
T  I  V  K  Q  E  I  H  D  G  T  U  R  T  Ö  N
T  V  I  T  I  E  L  B  F  A  Q  V  Z  Ä  K  E
E  I  S  I  M  N  E  N  I  Ö  K  H  Ä  S  H  N
E  N  I  K  M  G  H  O  A  J  A  B  P  L  Ä  L
T  E  O  N  P  A  U  L  I  J  M  B  P  I  S  Z
G  N  U  Q  W  M  P  I  S  T  O  R  A  S  I  A
T  V  A  R  A  S  T  O  I  N  T  I  S  D  N  N
```

VARASTOINTI	MAGNEETTI
AKKU	LAMPPU
KAAPELI	LASER
JOHDOT	NEGATIIVINEN
MÄÄRÄ	OBJEKTI
SÄHKÖASENTAJA	POSITIIVINEN
SÄHKÖINEN	VERKKO
PISTORASIA	TELEVISIO
LAITTEET	PUHELIN
GENERAATTORI	

33 - Salud y Bienestar #1

```
K  Ä  K  L  Ä  N  G  W  H  L  W  Z  B  V  H  I
I  O  S  L  V  Q  V  T  N  A  Ä  U  B  S  E  S
I  C  R  R  I  R  Ä  K  Ä  Ä  L  Ä  L  V  R  L
K  E  T  K  L  N  D  T  S  O  D  J  K  N  M  I
O  L  O  N  E  N  I  V  I  I  T  K  A  E  O  H
T  U  T  L  K  U  Q  K  S  P  I  T  M  N  T  A
E  U  T  D  R  A  S  I  K  F  R  L  U  I  C  K
R  T  U  K  H  P  U  L  E  A  E  A  T  M  V  S
A  M  M  H  O  T  R  S  L  V  E  C  R  U  O  E
P  V  U  I  I  E  I  E  F  V  T  K  U  T  Z  T
I  G  S  O  T  E  V  Q  E  R  K  C  M  U  H  Q
A  U  F  H  O  K  R  V  R  B  A  H  N  O  H  Q
A  T  F  K  H  K  C  Z  Z  V  B  C  U  T  Q  I
R  Y  H  T  I  I  P  S  F  H  J  I  T  N  F  M
T  Y  U  U  H  R  N  T  Y  U  Z  F  I  E  A  R
S  S  I  M  I  W  Q  O  T  S  S  M  U  R  F  Z
```

AKTIIVINEN	LÄÄKE
KORKEUS	LIHAKSET
BAKTEERIT	HERMOT
KLINIKKA	IHO
LÄÄKÄRI	RYHTI
APTEEKKI	REFLEKSI
MURTUMA	RENTOUTUMINEN
NÄLKÄ	TERAPIA
TOTTUMUS	HOITO
LUUT	VIRUS

34 - Adjetivos #2

```
N  E  N  I  L  L  O  N  N  O  U  L  S  U  T  W
T  E  R  V  E  R  T  J  Q  P  A  K  Y  U  Y  M
N  E  N  I  A  L  O  U  S  S  V  V  Ö  S  Y  A
N  R  R  I  C  Z  V  M  O  I  Y  N  T  I  L  B
Q  O  Q  T  E  N  U  N  N  T  J  Q  Ä  G  I  M
F  U  W  U  G  T  N  H  L  O  T  K  V  F  K  F
L  T  P  M  I  I  S  O  F  O  R  A  Ä  S  Ä  Z
V  S  V  A  H  V  A  U  N  M  V  M  V  Z  S  Q
V  Ä  S  Y  N  Y  T  M  A  L  A  C  A  A  S  M
G  E  K  K  U  I  V  A  M  A  F  W  A  D  J
L  P  D  U  J  G  A  Y  F  Z  O  L  K  F  L  R
E  L  H  V  C  D  R  F  C  H  R  F  U  L  T  I
M  Y  B  A  V  A  S  T  U  U  L  L  I  N  E  N
Y  Z  A  U  D  R  A  M  A  A  T  T  I  N  E  N
J  G  Y  S  G  B  Y  J  L  U  O  V  A  W  F  I
M  A  K  E  A  S  I  U  L  U  U  K  O  O  Q  F
```

VÄSYNYT	LUONNOLLINEN
SYÖTÄVÄ	NORMAALI
LUOVA	UUSI
KUVAUS	YLPEÄ
DRAMAATTINEN	MAUSTEINEN
MAKEA	TUOTTAVA
TYYLIKÄS	VASTUULLINEN
KUULUISA	SUOLAINEN
TUORE	TERVE
VAHVA	KUIVA

35 - Cuerpo Humano

```
F  K  P  Z  Q  Z  U  Z  W  V  V  F  E  W  C  F
E  L  E  P  K  D  Q  O  Q  T  E  D  Q  O  S  M
M  V  N  S  B  N  Ä  D  Y  S  R  A  C  M  H  H
H  Z  O  G  V  C  E  U  L  K  I  L  E  I  K  M
V  H  Y  Ä  N  E  E  N  Ä  F  O  P  P  Z  C  W
S  K  B  Ä  M  L  I  S  Ä  K  P  R  A  E  R  L
I  M  E  P  D  H  D  F  P  W  D  I  V  L  O  P
H  R  D  R  M  K  Z  T  A  V  E  G  B  A  A  I
O  W  W  Ä  W  C  E  A  K  K  L  I  N  K  I  Y
I  V  C  N  W  A  O  N  L  I  S  G  A  L  V  W
V  H  L  Y  Z  L  F  M  O  M  S  H  K  A  O  P
Q  W  R  Y  P  L  E  U  K  A  P  Ä  Ä  J  T  S
H  A  N  K  A  S  V  O  T  L  G  I  M  R  O  S
Q  U  G  H  B  C  Y  W  C  U  G  S  H  C  R  J
I  V  O  K  M  I  C  M  E  A  M  Ä  U  W  Q  P
L  Z  L  Z  M  O  L  S  O  K  C  K  A  U  B  L
```

LEUKA	KIELI
SUU	KÄSI
PÄÄ	NENÄ
KASVOT	SILMÄ
AIVOT	KORVA
KYYNÄRPÄÄ	IHO
SYDÄN	JALKA
KAULA	POLVI
SORMI	VERI
OLKAPÄÄ	NILKKA

36 - Calentamiento Global

L M S K F L Ö T S I R Ä P M Y E
A E U P Y Ä Y U U R K M D I M N
I R K Z R M L L B T U M H L U E
N K U K T P D E K S L O B M K R
S I P E I Ö R V I U L R C A R G
Ä T O H E T E A S D T S J S I I
Ä T L I D I H I P N U I S T I A
D Ä V T E L A S F I O L E O S W
Ä V I Y M A L U N Y T W H D I S
N Ä Z S I T L U E K V T J H O G
T I D K E Z I S N V Y Y G T I T
Ö F L M S N T M I Ä D N K U M T
N Q A F I I U Y T E F D A O O M
E Q O Y B W S P K S F M A Q U U
Z A B A Q F D S R T B Y S B H V
J Z E S T H Y I A Ö W H U N U J

NYT	TULEVAISUUS
YMPÄRISTÖ	KAASU
HUOMIO	SUKUPOLVI
ARKTINEN	HALLITUS
TIEDEMIES	INDUSTRI
ILMASTO	LAINSÄÄDÄNTÖ
KRIISI	VÄESTÖ
TIEDOT	MERKITTÄVÄ
KEHITYS	LÄMPÖTILAT
ENERGIA	

37 - Ciencia

```
K G A T O M I M E N E T E L M Ä
L A G B Y B V I O T Y V M B E N
A O S C C H Z M K D B Y H L Q D
B R R V P T A L O T N O U L D S
O G C Z I T O M Z L F T Z Y M V
R A J G O T I S B T E S K U I H
A N E N I L L A I M E K C U S U
T I I L M A S T O A T K Y B L Y
O S L B B Q E G N Z S R Q Y Q J
R M A J A M I O V O N I A P L K
I I A T K R M U T O U A A F A I
O Z R U Y O E F Y S I I K K A L
T I E V Z I D T I E D O T R R M
T O N S I S E E T O P Y H V C T
J K I A A K I L I I S S O F A C
O T M T O I T U U L O V E P M G
```

ATOMI	HYPOTEESI
TIEDEMIES	LABORATORIO
ILMASTO	MENETELMÄ
TIEDOT	MINERAALI
EVOLUUTIO	MOLEKYYLI
KOE	LUONTO
FYSIIKKA	ORGANISMI
FOSSIILI	HIUKSET
PAINOVOIMA	KASVIT
TOSIASIA	KEMIALLINEN

38 - Restaurante #2

```
G T A K T O T A N U M M S W F L
K C K V F R P A M O U J U D U O
A A I Y J F S E R B U J O S V U
K L K C C C N Ä Ä J Q E L V A N
K A K K D M E K V R O T A N S A
U K D U U Q N Q Z Z V I S E V S
R Y C Y P C I E N E I L L N T B
A I T T A A L A S L H O U I R B
A S U P P E L N Ä U A U S L J U
H T E E T S U A M S N T H L S A
Q K I G A S K L L I N C U A C F
P F R B D W R J E K E A L L T J
B Q R R M Y E L D K S P W L K J
N Q L B L R H Y E A I Q B I W L
D W M Y O C H E H O V I U M J D
E Z H P P R E U R N W G K V R T
```

VESI	HEDELMÄ
LOUNAS	JÄÄN
ALKUPALA	MUNAT
JUOMA	KAKKU
TARJOILIJA	KALA
ILLALLINEN	SUOLA
LUSIKKA	TUOLI
HERKULLINEN	SUPPE
SALAATTI	HAARUKKA
MAUSTEET	VIHANNES

39 - Profesiones #1

L	E	L	Ä	I	N	L	Ä	Ä	K	Ä	R	I	E	N	U
T	Ä	G	H	C	M	M	Y	G	E	O	L	O	G	I	R
A	B	Ä	O	P	A	N	K	K	I	I	R	I	H	S	H
N	R	P	K	K	A	R	T	O	G	R	A	F	I	N	E
S	G	P	K	Ä	V	A	I	B	C	R	M	V	Y	Q	I
S	C	E	I	N	R	Ø	T	K	A	D	E	R	Y	P	L
I	Y	S	S	N	T	I	V	A	M	Q	R	P	I	I	I
J	F	A	U	A	J	A	J	A	N	A	I	S	A	A	J
A	C	T	U	W	D	J	Q	J	I	P	M	T	E	N	A
V	A	L	M	E	N	T	A	J	A	A	I	J	A	I	L
P	G	U	H	O	I	T	A	J	A	L	E	I	O	S	D
D	O	K	D	A	O	V	S	R	Q	O	S	H	P	T	E
E	V	J	C	H	Q	N	S	E	I	M	E	D	E	I	T
M	E	T	S	Ä	S	T	Ä	J	Ä	I	T	K	R	U	U
P	U	T	K	I	M	I	E	S	Q	E	F	P	V	M	Z
H	K	N	I	G	O	L	O	K	Y	S	P	K	A	C	K

ASIANAJAJA	HOITAJA
URHEILIJA	VALMENTAJA
TANSSIJA	PUTKIMIES
PANKKIIRI	GEOLOGI
PALOMIES	KULTASEPPÄ
KARTOGRAFI	MERIMIES
METSÄSTÄJÄ	MUUSIKKO
TIEDEMIES	PIANISTI
LÄÄKÄRI	PSYKOLOGI
REDAKTØR	ELÄINLÄÄKÄRI

40 - Vehículos

S	M	E	L	F	S	B	P	L	P	T	V	Q	T	Y	A
U	O	M	W	T	V	U	V	E	I	E	F	F	A	G	M
K	O	R	F	M	U	S	E	N	G	B	N	U	E	R	B
K	T	V	E	N	E	S	Z	T	W	B	E	D	A	V	U
U	T	J	L	K	M	I	R	O	T	K	A	R	T	D	L
L	O	J	Z	Y	J	W	H	K	M	S	D	K	A	V	A
A	R	J	S	W	B	H	Z	O	T	U	A	Z	W	V	N
F	I	J	S	L	B	A	M	N	T	P	P	Q	S	C	S
R	E	N	K	A	A	T	E	E	I	A	L	U	W	E	S
S	C	O	O	T	E	R	B	R	R	Y	K	O	O	K	I
K	O	U	L	U	T	T	A	A	A	Y	I	S	K	U	I
P	O	L	K	U	P	Y	Ö	R	Ä	K	C	B	I	K	E
F	R	W	H	E	P	J	P	G	Z	U	E	B	K	A	J
S	T	N	I	O	D	Q	P	J	C	M	E	T	C	B	B
J	E	H	E	L	I	K	O	P	T	E	R	I	T	R	E
M	M	Z	V	J	N	L	A	U	T	T	A	L	L	I	Q

AMBULANSSI
BUSSI
LENTOKONE
LAUTTA
VENE
POLKUPYÖRÄ
KUKA
AUTO
RAKETTI
VAREBIL

HELIKOPTERI
SUKKULA
METRO
MOOTTORI
RENKAAT
SCOOTER
TAKSI
TRAKTORI
KOULUTTAA

41 - Geometría

```
B Q R W T E L O G I I K K A T S
S E G M E N T T I U N G E Y E Y
L O D D R E T T M I A A R H O M
V Y A J M P U F Y M A G N T R M
L A S K E M I N E N I E K Ä I E
M H B Z C M Z V A O D Ä O L A T
H M H O V W M W J D E J R Ö F R
M A J D S V C J I W M R K Y T I
O O J I D A L P S W L V E Z Ä A
R I N N A K K A I N E N U W P K
E W K R T A S S A M O A S P U G
M V J U Q A P S K T A P Z I C H
U K A E L V V T L F T Z W N H N
N G A W J M F C A K Y R T T A U
K O L M I O A Q H M O L L A Y K
U L O T T U V U U S T T G J V D
```

KORKEUS	MEDIAANI
KULMA	NUMERO
LASKEMINEN	RINNAKKAINEN
KÄYRÄ	OSA
HALKAISIJA	SEGMENTTI
ULOTTUVUUS	SYMMETRIA
YHTÄLÖ	PINTA
VAAKA	TEORIA
LOGIIKKA	KOLMIO
MASSA	LODDRETT

42 - Vacaciones #2

```
T P J N E N I A L A A M O K L U
F G S C B P S T A K S I E Z J L
R A N T A V U A W S P J W R Z O
U R M F Y I T E L T T A O P I M
K U V A T I E S R H A A K H R A
H R A A M S J R H S Y P A W A A
O U C T E U L T A F B A R C A H
N A H T Z M U W Y V T V T N S L
B V B U O I K L L N I H T C E T
B Z B L K O H D E V M N A Q H L
J Z E U H C V P F A R Q T T D V
S M R O W W E E Q H O Y B O B E
B R B K E I H M A T K A A K L J
H O T E L L I I B F W S T V C A
M P A S S I L U S U Z R U E J A
V A R A U K S E T L L A L B N H
```

LUFTHAVN	PASSI
TELTTA	RANTA
KOHDE	VARAUKSET
ULKOMAALAINEN	RAVINTOLA
KUVAT	TAKSI
HOTELLI	KULJETUS
SAARI	KOULUTTAA
KARTTA	LOMA
MERI	MATKA
VAPAA	VIISUMI

43 - Matemáticas

```
N  T  B  Z  T  J  Q  E  O  Z  G  K  Z  M  U  H
E  U  Y  E  A  I  R  T  E  M  O  E  G  L  Z  A
N  W  M  J  A  E  H  M  S  F  K  H  A  F  H  L
I  U  B  E  N  C  D  V  W  E  Y  Ä  I  S  E  K
A  M  K  A  R  Y  T  V  S  L  H  Y  R  U  B  A
K  B  U  P  W  O  L  E  J  B  T  H  T  U  D  I
K  H  N  K  O  N  E  L  I  Ö  Ä  A  E  V  G  S
A  O  C  A  C  F  N  J  W  D  L  A  M  A  S  I
N  I  L  A  A  M  I  S  E  D  Ö  T  M  L  G  J
N  N  Z  M  M  L  Q  M  U  T  T  G  Y  I  U  A
I  S  A  K  I  N  N  U  U  S  F  U  S  T  F  K
R  Z  Y  P  H  O  I  M  L  U  K  A  R  O  U  S
Y  M  P  Ä  R  Y  S  M  I  T  T  A  S  Ä  D  E
E  K  S  P  O  N  E  N  T  T  I  B  W  Q  M  G
M  O  N  I  K  U  L  M  I  O  B  P  P  D  V  Z
A  R  I  T  M  E  E  T  T  I  N  E  N  J  Z  O
```

ARITMEETTINEN	NUMERO
KULMAT	RINNAKKAINEN
YMPÄRYSMITTA	SUUNNIKAS
NELIÖ	KEHÄ
DESIMAALI	MONIKULMIO
HALKAISIJA	SÄDE
YHTÄLÖ	SUORAKULMIO
EKSPONENTTI	SYMMETRIA
JAE	KOLMIO
GEOMETRIA	TILAVUUS

44 - Restaurante #1

```
K F W J V J Q I K T V P D T J J
E C I E K J F E Y Q S C F Z L Ä
I J F G N N E N I E T S U A M L
T Y U B Z L N C S J K Y U I J K
T C L J F P I A T G A Ö R G E I
I O I G T A A S I Y N D Z R I R
Ö Q H L E I P Ä E V A Ä P E C U
O O A O S V A N V E H M O L E O
K O G V M V A Q R L N A J L M K
K A A O R E M F U R P W K A N A
I Y S U A R A V O H L U K H W P
L T F T S P D U K H N M W K O S
A N A N I I L S A T U A L S T S
V D C F I K T A R J O I L I J A
A L H K H D E Z A J Y K E A M Y
Y H E A V O Z S T I P C B W U Q
```

ALLERGIA
KAHVI
TARJOILIJA
LIHA
KEITTIÖ
SYÖDÄ
RUOKA
VEITSI
AINE
VALIKKO

LEIPÄ
MAUSTEINEN
LEVY
KANA
JÄLKIRUOKA
VARAUS
KASTIKE
LAUTASLIINA
KULHO

45 - Profesiones #2

```
P D K N G B I V L W L U Y U I F
U K C M S I R N I R Ä K Ä Ä L I
U O P P G O Ä P S L F S V V I L
T T E C N L K P I I J H P I U O
A O T Z C O Ä T G L N E E R R S
R I E J E G Ä B D E O Ö L K H O
H M T U F I L S I I G T Ö I G F
U I S Ä J I S K E K B C T R J I
R T I K A J A T T E P O J I I Ä
I T V I O W M K U V I T T A J A
G A Ä R B P M T U T K I J A W K
S J R U A J A A V U K O L A V K
G A J R V Y H K E M I S T I Z F
Z Q M G K U S T A N T A J A D B
H T U I A S T R O N A U T T I L
T A I D E M A A L A R I V M N T
```

VILJELIJÄ	INSINÖÖRI
ASTRONAUTTI	KEKSIJÄ
BIOLOGI	TUTKIJA
KIRURGI	PUUTARHURI
HAMMASLÄÄKÄRI	LÄÄKÄRI
ETSIVÄ	TOIMITTAJA
KUSTANTAJA	PILOTTI
FILOSOFI	TAIDEMAALARI
VALOKUVAAJA	OPETTAJA
KUVITTAJA	KEMISTI

46 - Naturaleza

```
M E H I L Ä I N E N N W A I T A
Z G F H S K B C J J J S Z D R J
W V A I G S O E O Ä F V J Y O A
I R R S S T Ö K K Ä H Y P N O A
Z Q K U M T N E I T H E L A P V
L N T E M I Ä L E I E G Z A P I
S E I N A U U H U K H R P M I K
I N N U O F S M C K H O N I N K
U I E A Z F C D T Ö P C K N E O
M L N K T Ä R K E Ä I V V E N I
F L M J Q R S O Q Z L Y J N E S
B A G M A V I L L I V B O U E O
D H A Z E W K Y U O I N V Q C O
S U O J A T E R O U V S M M H R
N A C I G U S A H N R D V T Z E
V R C N B Y D Ä C W N R C J R Z
```

MEHILÄINEN	VUORET
ELÄIMET	SUMU
ARKTINEN	PILVI
KAUNEUS	SUOJA
METSÄ	JOKI
AAVIKKO	VILLI
DYNAAMINEN	PYHÄKKÖ
EROOSIO	RAUHALLINEN
LEHTIEN	TROOPPINEN
JÄÄTIKKÖ	TÄRKEÄ

47 - Conduciendo

```
W  I  K  W  I  O  N  D  A  Z  W  S  J  A  L  P
D  T  A  V  T  N  G  O  W  Y  J  D  A  U  I  O
M  O  R  A  J  E  N  N  E  K  I  I  L  T  S  L
D  F  T  A  B  E  R  H  N  I  M  E  A  O  E  T
Y  E  T  R  H  I  L  U  Y  J  O  E  N  T  N  T
J  S  A  A  Q  Z  T  E  T  H  L  J  K  A  S  O
O  N  N  E  T  T  O  M  U  U  S  U  U  L  S  A
B  T  O  G  A  K  G  D  C  D  R  L  L  L  I  I
T  U  R  V  A  L  L  I  S  U  U  S  K  I  L  N
L  P  D  Y  W  K  A  K  A  A  S  U  I  K  E  E
I  N  Z  O  U  Q  U  U  K  A  J  Z  J  K  N  J
N  O  P  E  U  S  O  K  T  A  U  S  A  S  N  A
M  O  O  T  T  O  R  I  P  O  T  F  Z  E  U  R
L  B  P  O  L  I  I  S  I  G  C  U  G  M  T  R
F  M  O  O  T  T  O  R  I  P  Y  Ö  R  Ä  Y  U
E  Q  K  K  U  L  J  E  T  U  S  L  P  D  I  T
```

ONNETTOMUUS	MOOTTORIPYÖRÄ
KATU	MOOTTORI
KUKA	JALANKULKIJA
AUTO	VAARA
POLTTOAINE	POLIISI
JARRUT	TURVALLISUUS
AUTOTALLI	KULJETUS
KAASU	LIIKENNE
LISENSSI	TUNNELI
KARTTA	NOPEUS

48 - Ballet

```
C E A J M L F U M M R F U V Q Q
I H G Q I L R H N V U M G F P S
R T E S K A H I L O D K B A E L
E U A N I R E L L A B T D I H K
T D T I S A C B P F W A U T Y F
S Y Z F T B O K I V E N R T F J
E L Y K O O C D M K Ö S I E L Y
K B L L O Y A E T A K S Y E U S
R U C K I K O T Y G W I K T Z Ä
O V W E G A M P R A L J I I Z K
E T E S K U T I O J R A H S N I
H A R J O I T E L L A T M N U E
S Ä V E L T Ä J Ä T T E S E A M
K O R E O G R A F I A L J T Z L
R E Y I A K K I I N K E T N N I
T A I T E E L L I N E N R I I M
```

TAITEELLINEN	ELE
YLEISÖ	TAITO
BALLERINA	INTENSITEETTI
TANSSIJAT	LIHAKSET
SÄVELTÄJÄ	MUSIIKKI
KOREOGRAFIA	ORKESTERI
HARJOITUKSET	HARJOITELLA
TYYLI	RYTMI
ILMEIKÄS	TEKNIIKKA

49 - Fuerza y Gravedad

```
W  O  P  D  N  V  C  Y  F  D  M  T  N  S  L  E
B  P  A  K  K  I  I  S  Y  F  R  U  U  V  P  T
E  G  I  M  S  I  T  E  N  G  A  M  E  K  V  Ä
S  B  N  A  F  W  O  Ä  N  I  E  E  F  L  M  I
I  B  O  K  I  I  N  T  E  I  S  T  Ö  A  G  S
K  T  O  I  T  S  V  S  N  K  F  Y  T  A  M  Y
L  B  P  A  I  N  E  I  I  W  I  I  Y  J  E  Y
T  Y  E  A  T  S  Y  E  M  P  L  I  Ö  E  K  S
A  F  T  D  H  Z  Q  L  A  K  E  F  L  N  A  U
T  O  W  D  U  M  B  Y  A  I  S  H  N  N  N  E
S  Y  P  C  A  V  C  K  N  T  K  F  W  U  I  P
U  S  B  W  V  Q  Z  F  Y  K  A  O  K  S  I  O
K  T  A  C  E  F  Q  P  D  A  U  I  O  A  K  N
S  U  U  R  U  U  S  U  T  U  K  I  A  V  K  R
E  L  I  L  F  M  D  E  Y  R  Z  W  N  J  A  G
K  C  A  B  W  I  T  T  L  D  Z  V  A  K  Y  Q
```

KESKUSTA	MAGNETISMI
LÖYTÖ	SUURUUS
DYNAAMINEN	MEKANIIKKA
ETÄISYYS	LIIKE
AKSELI	PAINO
LAAJENNUS	PAINE
FYSIIKKA	KIINTEISTÖ
KITKA	AIKA
VAIKUTUS	YLEISTÄ
VAUHTI	NOPEUS

50 - Aventura

```
E  U  U  S  I  H  K  Y  D  A  L  M  G  E  V  J
P  U  Q  O  T  N  O  U  L  V  W  D  Z  C  P  M
Ä  V  Ä  T  S  Y  H  U  C  L  K  O  E  O  M  I
T  P  G  S  J  I  D  A  R  U  Ä  L  N  Q  A  B
A  O  P  G  A  Z  E  T  U  L  A  T  T  Q  T  B
V  S  U  U  S  I  L  L  A  V  R  U  T  C  K  F
A  T  N  I  M  I  O  T  K  N  A  U  U  Ä  A  G
L  M  A  H  D  O  L  L  I  S  U  U  S  M  V  V
L  J  Q  Z  H  D  I  K  E  V  J  G  S  W  V  Ä
I  K  T  E  R  C  J  A  V  A  I  K  E  U  S  P
N  T  V  A  A  T  S  U  K  T  A  M  O  B  V  Z
E  P  G  D  L  N  E  N  I  L  L  A  R  A  A  V
N  P  J  C  K  Q  L  E  H  U  L  E  G  G  C  P
N  O  G  H  E  J  B  U  L  V  Z  A  M  L  S  U
U  L  H  M  O  E  L  S  U  T  S  O  N  N  I  A
N  A  V  I  G  O  I  N  T  I  V  K  Q  C  J  H
```

TOIMINTA	MATKA
ILO	LUONTO
YSTÄVÄ	NAVIGOINTI
KAUNEUS	UUSI
KOHDE	MAHDOLLISUUS
VAIKEUS	VAARALLINEN
INNOSTUS	TURVALLISUUS
RETKI	YLLÄTTÄVÄ
EPÄTAVALLINEN	MATKUSTAA

51 - Pájaros

```
L  A  S  E  K  B  D  Q  L  U  U  J  K  K  H  T
V  K  N  E  N  Y  K  H  Y  Y  K  O  O  A  A  O
F  K  O  K  W  F  K  E  T  Q  A  U  T  N  I  U
A  U  W  J  K  M  L  L  Q  S  Y  T  K  A  K  K
V  A  M  N  V  A  B  A  Z  E  D  S  A  R  A  A
Z  H  P  V  M  T  M  N  M  T  G  E  S  I  R  A
S  T  R  U  T  S  I  J  P  I  Q  N  A  F  A  N
H  K  K  M  A  I  K  V  I  N  N  F  M  U  K  I
Y  A  E  F  E  R  Ä  A  N  A  C  G  T  G  R  N
E  E  N  M  Y  A  K  R  G  A  W  H  O  L  A  R
I  V  F  H  N  V  O  P  V  K  D  J  F  O  M  S
V  M  B  M  I  O  C  U  I  I  W  D  K  A  N  A
O  T  V  U  V  I  J  N  I  L  L  O  K  K  I  Q
Y  B  L  N  N  J  Z  E  N  E  G  Q  Z  C  U  K
H  O  H  A  J  U  D  N  I  P  C  D  S  P  H  K
P  A  P  U  K  A  I  J  A  J  D  N  L  N  W  U
```

STRUTSI	VARPUNEN
KOTKA	HAUKKA
KANARIFUGL	MUNA
HAIKARA	PAPUKAIJA
JOUTSEN	KYYHKYNEN
KÄKI	ANKKA
VARIS	PELIKAANI
FLAMINGO	PINGVIINI
HANHI	KANA
LOKKI	TOUKAANIN

52 - Geografía

```
P  C  I  J  C  R  U  N  N  B  B  F  G  L  M
M  A  A  I  L  M  A  L  Ä  N  S  I  Q  N  H  E
A  S  Y  F  R  M  A  A  N  O  S  A  F  B  A  R
T  Y  E  T  S  A  S  U  U  T  I  P  U  U  L  I
T  P  U  R  T  E  A  S  G  S  G  G  E  R  V  D
R  J  S  A  N  G  L  S  Y  U  L  T  I  J  K  I
A  J  A  A  S  A  T  N  Ä  V  I  Ä  P  L  U  A
K  U  W  Y  E  Y  A  Z  M  E  R  I  P  E  L  A
S  O  I  K  N  U  P  U  A  K  S  L  O  V  E  N
V  C  R  Q  J  N  M  B  H  R  C  R  H  E  J  I
T  N  O  K  S  P  Q  V  H  V  O  I  J  Y  O  O
L  A  U  E  E  D  A  L  U  E  F  I  O  S  K  Y
I  H  V  U  T  U  M  A  A  S  S  A  I  A  I  B
B  J  Q  L  L  E  S  K  T  N  W  Q  N  S  M  B
U  J  R  K  E  R  L  A  A  O  R  R  E  T  E  H
D  I  G  O  O  L  B  Ä  U  H  A  G  N  E  L  Y
```

KORKEUS	MERI
ATLAS	MERIDIAANI
KAUPUNKI	VUORI
MAANOSA	MAAILMA
PÄIVÄNTASAAJA	POHJOINEN
HALVKULE	LÄNSI
SAARI	MAASSA
LEVEYSASTE	JOKI
PITUUSASTE	ETELÄ
KARTTA	ALUE

53 - Música

```
A  T  P  F  Y  B  M  Z  D  I  I  J  A  J  M  M
T  A  P  N  M  H  E  A  L  F  M  Z  W  Z  U  Q
Y  F  M  I  A  G  T  I  A  Q  P  T  Z  S  U  M
H  A  R  M  O  N  I  A  U  U  R  U  Y  W  S  U
N  R  G  U  N  E  N  I  L  L  O  N  U  R  I  S
K  E  Q  B  E  Ä  N  A  U  V  Q  U  L  K  I
J  P  T  L  N  S  Ä  O  A  A  I  K  W  I  K  I
N  P  F  A  I  O  C  F  J  L  S  T  O  O  O  K
R  O  S  P  S  T  O  O  A  E  O  F  E  T  Q  K
T  O  H  K  S  R  D  R  L  C  I  W  U  M  K  I
P  M  J  B  A  E  H  K  U  C  D  A  G  O  P  Z
U  B  Y  W  L  K  E  I  A  O  A  O  Z  R  Q  O
P  J  D  V  K  G  T  M  L  B  A  L  L  A  D  I
W  W  N  I  D  R  P  Y  Z  Y  E  C  K  N  G  Q
H  A  R  M  O  N  I  N  E  N  V  Ä  L  I  N  E
T  S  A  C  C  I  A  G  Y  M  E  L  O  D  I  A
```

HARMONIA	VÄLINE
HARMONINEN	MELODIA
ALBUMI	MIKROFONI
BALLADI	MUSIIKKI
LAULAJA	MUUSIKKO
LAULAA	OOPPERA
KLASSINEN	RUNOLLINEN
KERTOSÄE	RYTMI
ÄÄNITE	TEMPO
IMPROVISOIDA	LAULU

54 - Enfermedad

```
A Y S C A I Q J I K C Y V D K L
H E N G I T Y S T H E Q A H E U
F A Ä P T N B S T A E H N N U U
E L D E A I G M U S R I O R H T
I L Y R P O U Z U T F T K S K F
E E S I O V Q K K A N A T K O N
N R K N R N T F A V B W A U O F
H G R N U I T E R A P I A G V C
T I O Ö E V S Y N D R O O M A A
E A O L N Y U S O O Y D Z W Z A
R F N L T H D D U Z G N G R C S
V G I I B T H V U B Y K A N S V
E M N N F I E L A B M U L F D F
Y O E E S O L R Q K M R E W R B
S Z N N G K U F Z D T L I Q A L
H T C S I T T E E T I N U M M I
```

VATSA	LUUT
AKUUTTI	TULEHDUS
ALLERGIA	IMMUNITEETTI
HYVINVOINTI	LUMBALE
TARTTUVA	NEUROPATIA
SYDÄN	KEUHKO
KROONINEN	HENGITYS
KEHO	TERVEYS
HEIKKO	SYNDROOMA
PERINNÖLLINEN	TERAPIA

55 - Actividades

```
I  R  L  L  Q  A  Z  A  A  O  P  N  N  R  V  R
S  U  A  V  U  K  O  L  A  V  L  C  M  M  W  E
L  Q  T  A  C  E  C  L  K  U  C  K  S  L  M  N
Z  B  D  E  A  R  T  A  I  K  A  G  O  U  A  T
P  D  A  T  B  A  O  F  T  A  I  D  E  K  A  O
M  E  Q  I  B  M  T  W  I  N  S  T  O  E  L  U
E  Z  L  O  Y  I  G  N  I  P  M  A  C  M  A  T
T  M  A  I  O  I  P  G  I  K  J  C  Q  I  U  U
S  J  S  K  T  K  E  R  C  M  M  S  S  N  S  M
Ä  W  M  N  I  K  S  M  A  N  I  R  H  E  U  I
S  P  R  D  A  A  P  A  V  K  R  O  T  N  T  N
T  D  O  O  T  I  D  E  F  N  V  L  T  I  S  E
Y  Q  R  Y  K  O  M  P  E  L  U  I  V  F  A  N
S  U  L  L  E  A  V  T  Q  R  I  B  J  N  L  Q
Q  M  J  D  S  B  C  V  O  K  Y  E  A  O  A  B
I  I  Q  H  R  V  E  N  E  E  T  N  B  R  K  I
```

TOIMINTA	PELIT
TAIDE	LUKEMINEN
VENEET	TAIKA
CAMPING	VAPAA
METSÄSTYS	KALASTUS
KERAMIIKKA	MAALAUS
OMPELU	ILO
VALOKUVAUS	RENTOUTUMINEN
TAITO	VAELLUS
ETU	

56 - Verduras

```
R  N  M  M  C  D  F  S  F  G  Y  K  I  D  P  P
E  T  U  K  K  R  U  K  B  K  W  U  G  H  H  E
T  E  N  R  E  H  A  V  K  U  R  P  I  T  S  A
I  L  A  A  K  A  S  R  A  P  M  S  V  W  N  K
I  P  K  N  E  G  U  N  R  O  N  D  I  Y  Z  K
S  O  O  U  V  P  I  N  A  A  T  T  I  M  W  O
I  R  I  R  A  B  L  T  A  C  W  N  L  P  I  S
S  K  S  E  W  S  U  P  T  I  O  S  O  D  T  I
I  K  O  P  C  H  P  T  J  A  M  P  T  R  N  T
P  A  L  F  A  J  I  T  T  A  A  M  O  T  A  R
U  N  T  H  T  I  S  N  Y  E  H  L  T  A  U  A
L  A  N  G  H  I  O  R  F  G  I  I  A  E  R  S
I  R  Ä  Ä  V  I  K  N  I  R  D  N  E  S  I  C
V  P  F  W  B  D  L  S  E  L  L  E  R  I  S  Y
M  Q  R  O  C  V  A  P  E  R  S  I  L  J  A  N
Z  G  M  I  T  O  V  R  H  A  O  S  F  N  M  V
```

VALKOSIPULI	INKIVÄÄRI
ARTISOKKA	NAURIS
SELLERI	OLIIVI
MUNAKOISO	PERUNA
PARSAKAALI	KURKKU
KURPITSA	PERSILJA
SIPULI	RETIISI
SALAATTI	SIENI
PINAATTI	TOMAATTI
HERNE	PORKKANA

57 - Instrumentos Musicales

```
L S P S S O V W T R C I H K P L
P S I F U M Z W M Z V I E O Z I
P H I F J C D T P J Z Z R I T V
K Z I T J W G L E U K E H L E S
L V I U L U W G L N B T P V Y O
A P T H L B I N I I R U B M A T
R I T S A I N O F O S K A S B K
I A E E N R U G F I S D A Q M I
N N P L U R P H T A Z Q A P I T
E O M L U O M P T M G W O H R A
T N U O S V U F U I E O B O A R
T R R J A P R Q P P G J T Q M A
I A T K P E Q I J F F N A T U Z
M A N D O L I I N I E A D L I A
H U U L I H A R P P U B C J L T
J W H P N A H U H R C Y N Y Z B
```

HUULIHARPPU	OBOE
HARPPU	TAMBURIINI
BANJO	PIANO
KLARINETTI	SAKSOFONI
FAGOTTI	RUMPU
HUILU	PASUUNA
GONG	TRUMPETTI
KITARA	VIULU
MANDOLIINI	SELLO
MARIMBA	

58 - Formas

```
H J I S M J H S Y L I N T E R I
M G E U O O I Y E L C N K Q Z E
V L Y O N I I E P A I H E V I L
Z M F R I T A N U E R N U A K I
L W G A K R K U R K R W P Y U N
U W G K U A C O R I C B M R L J
Z Z L U L K Y I L O J E E L M A
A Y G L M T R M P S P A D L A P
N Q T M I L E L P U S F I T I R
U E E I O E B O N Y G N S O S I
F D L O H O Z K C T R U Y V P S
B N Z I D I M A R Y P Ä M W I M
J E G R Ö T Y G A J J R S W L A
I Z Q A N U R U E J V Y P A L Y
U K Q A Q U K Z Z J K Ä Z Z E Y
L Q R K R K T Q N Q A K D B K T
```

KAARI	HYPERBELI
REUNAT	SIDE
SYLINTERI	LINJA
YMPYRÄ	SOIKEA
KARTIO	PYRAMIDI
NELIÖ	MONIKULMIO
KUUTIO	PRISMA
KÄYRÄ	SUORAKULMIO
ELLIPSI	KOLMIO
KULMA	

59 - Flores

```
Y O E J L H O R K I D E A J P A
H U L Q D A I M N B R E J G V U
K I H H O D V B A C E I L E S R
P I N O I P T F I G E C I M A I
L L M U N I K K O S N O L Q R N
U E L P E U L R F Q C O J P A G
M T J R P J H V R H V U L Q K O
E N S O Q U H G G E O S S I K N
R E J A S M I I N I I U L G A K
I V A L A O L M G W K U I A K U
A A O I Y V J W Z V U R I R N K
N L F P O J A K W A K B L D Ä K
T L M A R D I O P A K I A E V A
T E R Ä L E H T I N A K A N I D
E Y T U L P P A A N I W Z I Ä E
N N H V B R G A W B I W V A P Q
```

UNIKKO
VOIKUKKA
GARDENIA
AURINGONKUKKA
HIBISCUS
JASMIINI
LAVENTELI
LIILA
LILJA
MAGNOLIA

PÄIVÄNKAKKARA
ORKIDEA
PIONI
TERÄLEHTI
PLUMERIA
KIMPPU
RUUSU
APILA
TULPPAANI

60 - Astronomía

```
P Z P A D I T R S W G B Y E A G
A T I Q J T S Ä K U Z D N P S S
I A M M O T Ä O H O M P B F T U
N I E E A I T B C D S U B D E P
O V N T A I E S J P I M K O R E
V A N E A L I E A P T S O D O R
O S Y O I L L R Q H T T T S I N
I D S R K E Y V P B Q D B Ö D O
M K T I T T U A N O R T S A I V
A U S T U A T T E E N A L P H A
A U V T P S G O J E V N D Ø G N
M A T E O M T R O R U R T A I T
E H N K K M H I S K A L A G F M
D V C A U O L O V O A V Q D Y N
F T F R A N O P Q P G A Q B U C
K P S H K G Y V D F Q Q L S T A
```

ASTEROIDI	KUU
ASTRONAUTTI	METEORI
TAIVAS	SUMU
RAKETTI	OBSERVATORIO
TÄHDISTÖ	PLANEETTA
KOSMOS	SÄTEILY
PIMENNYS	SATELLIITTI
JEVNDØGN	SUPERNOVA
GALAKSI	KAUKOPUTKI
PAINOVOIMA	MAA

61 - Tiempo

```
T U N N I N P V T S T L P Y K O
D K E A K Q T U U I O O U M A A
O H L H T B Ä O L D I Y Q T L G
K N I R E Y N S E C T E A Ö E D
K E E N H G Ä I V A R P T Y N O
I M S A T A Ä S A I U D J N T Z
I M E K R V N A I P O V K W E S
V Y S C I A S T S Z E O Y H R V
U K T U S P Z A U L N K D L I E
B I V T U O Ä A U N N M E L P B
V S M N A C V I S F E E Y L W O
V O J Y K M I M V E N Q A A L M
P U V Z U D Ä Y U Ä D J W R P O
I V O O U Q P A I K A I N E N U
P N V S K P K A A A H H D D U K
L O T W I T T U U N I M T P B J
```

NYT	AAMU
ENNEN	KESKIPÄIVÄ
VUOSI	KUUKAUSI
EILEN	MINUUTTI
KALENTERI	HETKI
VUOSIKYMMEN	YÖ
PÄIVÄ	KELLO
TULEVAISUUS	VIIKKO
TUNNIN	VUOSISATA
TÄNÄÄN	AIKAINEN

62 - Paisajes

```
W  M  H  Z  L  V  K  N  E  S  I  Y  H  C  S  H
V  E  S  I  P  U  T  O  U  S  U  L  E  S  A  L
V  O  H  R  Y  G  O  U  Y  G  M  I  M  Y  A  B
W  F  Z  O  W  I  K  S  J  F  W  N  S  D  R  U
B  U  W  U  Z  V  B  S  Ä  H  R  U  Z  T  I  H
I  U  K  V  G  R  C  A  F  U  U  N  C  O  L
K  C  V  Ä  U  N  Z  D  V  D  P  G  L  N  U  U
T  U  J  Ä  J  O  K  I  I  L  A  A  K  S  O  O
Z  U  P  J  T  D  M  E  R  I  A  L  T  R  S  L
Z  Y  N  H  C  T  H  K  P  E  M  L  V  N  J  A
G  S  N  D  D  R  A  S  M  P  I  Y  U  T  A  G
E  Z  D  O  R  V  B  V  O  E  M  V  K  I  P  R
Y  L  D  O  N  A  C  L  O  V  E  Q  R  W  Z  R
S  J  Ä  Ä  T  I  K  K  Ö  N  I  F  Y  U  E  J
I  K  Y  A  A  V  I  K  K  O  N  V  U  O  R  I
R  B  Z  R  D  Z  J  G  B  V  W  N  V  W  S  O
```

VESIPUTOUS	MERI
LUOLA	VUORI
AAVIKKO	KEIDAS
SUISTO	SUO
GEYSIR	NIEMIMAA
JÄÄTIKKÖ	RANTA
JÄÄVUORI	JOKI
SAARI	TUNDRA
JÄRVI	LAAKSO
LAGUUNI	VOLCANO

63 - Días y Meses

```
M  W  Y  J  V  M  A  A  N  A  N  T  A  I  S  L
L  A  Y  B  P  U  U  K  I  M  L  E  H  F  U  P
E  H  D  I  K  U  O  J  G  K  I  W  D  J  N  N
C  L  V  U  U  K  Ä  S  E  K  S  N  H  U  N  G
V  K  O  O  D  I  V  S  I  S  U  A  K  U  U  K
R  L  O  K  I  T  W  U  C  O  J  O  L  K  N  Q
V  Q  I  B  U  H  P  U  V  B  G  W  K  S  T  I
P  I  V  L  I  U  U  K  I  M  M  A  T  Y  A  O
E  A  I  T  T  H  U  S  R  E  B  R  A  Y  I  W
R  T  A  K  C  L  K  A  E  W  P  C  C  S  M  Y
J  S  T  H  K  Q  Ä  R  T  L  O  K  A  K  U  U
A  R  S  M  Y  O  N  R  N  V  S  I  Z  O  T  L
N  O  I  D  B  I  I  A  E  E  Q  Q  Q  T  W  A
T  T  I  U  I  L  E  M  L  K  T  D  S  J  T  C
A  V  T  N  C  D  H  I  A  T  N  A  U  A  L  I
I  O  K  K  I  I  V  I  K  S  E  K  K  Z  L  V
```

HUHTIKUU	MAANANTAI
ELOKUU	TIISTAI
VUOSI	KUUKAUSI
KALENTERI	KESKIVIIKKO
SUNNUNTAI	MARRASKUU
TAMMIKUU	LOKAKUU
HELMIKUU	LAUANTAI
TORSTAI	VIIKKO
HEINÄKUU	SYYSKUU
KESÄKUU	PERJANTAI

64 - Biología

```
S  H  F  F  C  K  O  C  U  I  A  E  S  K  F  H
Y  I  W  S  Y  E  I  T  J  I  T  N  Y  O  O  O
N  M  S  S  U  E  T  V  S  I  R  T  M  L  T  R
A  H  P  A  S  J  A  Z  D  U  S  S  B  L  O  M
P  E  O  C  D  V  A  Y  Q  M  D  Y  I  A  S  O
S  R  N  A  N  A  T  O  M  I  A  Y  O  G  Y  N
I  M  E  V  O  L  U  U  T  I  O  M  O  E  N  I
B  O  S  J  C  K  M  F  Z  L  Q  I  S  E  T  U
R  A  Ä  R  G  O  E  G  D  C  F  N  I  N  E  G
J  Y  K  A  N  E  U  R  O  N  I  I  O  I  E  B
O  J  Ä  T  Q  L  L  G  S  E  L  I  E  Z  S  A
H  C  S  D  E  H  O  I  K  L  A  E  K  U  I  S
A  E  I  P  P  E  S  V  U  W  Q  T  C  Z  U  C
T  W  N  B  V  P  R  I  M  O  S  O  M  O  R  K
O  S  M  O  O  S  I  I  W  Z  Q  R  H  I  T  J
M  A  T  E  L  I  J  A  T  W  N  P  N  Y  R  S
```

ANATOMIA	NISÄKÄS
BAKTEERIT	MUTAATIO
SOLU	HERMO
KOLLAGEENI	NEURONI
KROMOSOMI	OSMOOSI
ALKIO	PROTEIINI
ENTSYYMI	MATELIJA
EVOLUUTIO	SYMBIOOSI
FOTOSYNTEESI	SYNAPSI
HORMONI	

65 - Chocolate

```
J  A  U  H  E  M  Q  G  O  Q  F  W  H  O  F  Q
S  E  O  Z  M  Y  Z  I  A  S  O  S  E  N  I  A
Y  Y  J  E  W  A  W  G  K  A  V  J  R  F  G  A
I  L  Ö  E  F  E  K  E  A  H  V  V  K  M  T  A
H  T  G  D  N  K  H  U  A  N  R  W  U  C  J  R
E  A  Y  T  Ä  A  R  K  K  I  R  O  L  A  K  T
H  Q  Z  V  V  M  M  I  V  R  Y  K  L  R  S  I
Q  A  S  L  U  C  N  E  K  E  Q  O  I  E  I  S
K  A  R  A  M  E  L  L  I  K  H  K  N  K  T  A
A  E  L  I  D  H  O  T  Z  O  I  O  E  T  O  N
L  V  B  T  Z  J  E  K  O  S  U  S  N  A  S  A
M  A  A  P  Ä  H  K  I  N  Ä  T  N  O  K  K  L
T  S  L  E  H  S  V  M  S  H  A  Ø  A  U  E  R
H  J  G  S  Q  H  T  O  C  T  A  T  F  O  S  B
Z  G  J  E  R  L  L  R  Q  Z  L  T  O  G  I  A
L  C  H  R  F  G  M  A  Y  J  Z  V  A  E  N  L
```

KATKERA	SYÖDÄ
AROMI	HERKULLINEN
ARTISANAL	MAKEA
SOKERI	EKSOTISK
MAAPÄHKINÄT	SUOSIKKI
KAAKAO	MAKU
LAATU	AINESOSA
KALORI	JAUHE
KARAMELLI	RESEPTI
KOKOSNØTT	

66 - Barbacoas

```
Q F Q O N E N I L L A L L I M G
U A Y H H I Ä O K R R E A N A K
H S P Z I C L Q K B W S P M M M
U L O Z I J K V M U S C S K M O
W B L Z O N Ä U F I W D E J L G
S Q H G E I Ä S E K O L T V O R
A A V T V K L Z V K Z B H D T I
N I L W R K A S T I K E T G I L
U V H A H O W M S I P E L I T L
O E E B A A L O U S U G T V A I
L I D J F T B I R U P P I P A A
R T E N F U I Q E M K P D I M S
R S L C I W N T O M R O E A O G
O E M V I H A N N E S R T R T H
Q T Ä C Z Y V J S I P U L I H D
I D Y G R W V W T P C I L H E E
```

LOUNAS	MUSIIKKI
KUUMA	LAPSET
SIPULI	GRILLI
ILLALLINEN	PIPPURI
VEITSET	KANA
SALAATIT	SUOLA
PERHE	KASTIKE
HEDELMÄ	TOMAATIT
NÄLKÄ	KESÄ
PELIT	VIHANNES

67 - Ropa

```
Y A B E C Y O Y D M C E T I I F
Y K T U J F M J V E H S W E H U
J H A P G E W O L K J I K K A T
B A K Z T F F O H K Y L T N J T
K A U L A K O R U O K I J O Y A
K Ä S I N E E T K O O I V I U H
O N C L E R A I L F R N Ö Y V M
A R M B Å N D L T U U A F K I K
E F E I O V Q A K Z T N D J L T
P B F S Q B L A E P A I T A L B
N C C N U M K D N U P M U U A A
K Z K T R P H N K Y Y A S J P O
B G D V Z E E A Ä S J I U H A K
U O E F H I M S M C A Y O D I E
K G Y B F R Q J I E M U H I T Y
B E E B K D D F S V A A L G A R
```

PUSERO
HUIVI
SUKAT
PAITA
TAKKI
VYÖ
KAULAKORU
ESILIINA
HAME
KÄSINEET

KORUT
MUOTI
HOUSUT
PYJAMA
ARMBÅND
SANDAALIT
HATTU
VILLAPAITA
MEKKO
KENKÄ

68 - Meditación

```
M Y S T Ä V Ä L L I S Y Y S L O
H Y C H G N Z T V I Z Z Q I I V
A M Ö V C I S U U S I A J L I H
V U K T R A U H A N V K G Z K I
A S Z G Ä R S K R R N C R S E H
I I S D D T Y P M G K E V G I E
N I K G R V U H D L A G F V S N
T K M I J Q G N T H U O M I O K
O K G B B E S Y T I G N E H T I
J I S U U S I L L O T I I K E S
G R K B A I S K U T A J A N M T
D T Q O C V D R J N F F C M E Ä
M I E L I Q T K U O Z G B Q L D
Z N E N I L L A H U A R O S W I
S E L K E Y S A M L U K Ö K Ä N
O G B T H Y V Ä K S Y M I N E N
```

HYVÄKSYMINEN	LIIKE
HUOMIO	MUSIIKKI
YSTÄVÄLLISYYS	LUONTO
RAUHALLINEN	HAVAINTO
SELKEYS	RAUHA
MYÖTÄTUNTO	AJATUKSIA
TUNNE	NÄKÖKULMA
KIITOLLISUUS	RYHTI
HENKISTÄ	HENGITYS
MIELI	HILJAISUUS

69 - Café

```
W D T G V D G B K Z M C T U B S
K A T K E R A N D V S M S I P U
G M C M P T H W Z J V A I L Y O
I R G A R T I D Y U O K C V K D
P E P J L G P Y U O C U T G E A
P K H K D K P N N M Y H J V E T
O Y V G V H U M A A E Y D D J T
V F E B Q I K P Q J E H Q P U A
N V S D N N O M E J A U H A A A
A E I K R T F U I R E K O S Q Y
P F S L Q A E S K K Ä T Q A U S
A F C T Z S I T M C R Z V Z K D
H G B T E Y I A A S J Z P V Q O
R T Z N Z M N E I D Q D C Z F Y
A R O M I E I I T A P C Z L L Q
V B W H J N A O O W I S B F Z U
```

VESI	MAITO
KATKERA	NESTE
AROMI	AAMU
SOKERI	JAUHAA
HAPAN	MUSTA
JUOMA	ALKUPERÄ
KOFEIINIA	HINTA
KERMA	MAKU
SUODATTAA	KUPPI

70 - Libros

```
K K A K S I N A I S U U S S C D
T E D B P U E Z Z U V J R A P M
R S R N B I Y G A B D E M R U O
A A I T N A A V E L E R Y J R C
A M A D O Ä K S U O N U R A B K
G S E V N J S I E M A C V N U O
I R F I U I A T K I S A N A T K
N I B I R K Y S K O K W Q K N O
E S Ä I L E S K E K Q K K A A E
N R G G H T D E Z I G T A J B L
H U M O R I S T I N E N N I C M
S L V M W P L N B A H B I K L A
W P K I V T V O G A G F R U S U
T G S D S T F K N M F Q A L D Z
U P O T U S D G P O V S T M C I
H E L G I L T F I R K S V N E Z
```

TEKIJÄ	LUKIJA
SEIKKAILU	KERTOJA
KOKOELMA	ROMAANI
KONTEKSTI	SANAT
KAKSINAISUUS	SIVU
SKRIFTLIG	RELEVAANTIA
TARINA	RUNO
HUMORISTINEN	RUNOUS
UPOTUS	SARJA
KEKSELIÄS	TRAAGINEN

71 - Los Medios de Comunicación

```
J  T  F  S  A  N  O  M  A  L  E  H  T  I  L  K
B  L  A  S  S  O  K  R  E  V  S  F  K  O  N  A
R  M  K  O  N  W  F  O  A  S  U  P  O  J  N  U
L  Ä  T  N  I  T  S  E  I  V  Z  Y  U  U  D  P
T  Q  A  I  I  U  V  D  G  D  P  U  L  L  J  A
N  T  G  A  J  A  D  Z  L  Q  T  F  U  K  Y  L
W  Ö  P  P  S  P  U  R  Y  A  K  R  T  I  K  L
Ä  L  Y  L  L  I  N  E  N  W  U  P  U  N  U  I
J  I  I  A  S  E  N  T  E  E  T  S  S  E  V  N
D  S  R  N  V  E  R  K  K  O  L  R  U  N  A  E
N  K  A  L  D  E  M  K  Z  P  W  Z  A  N  T  N
N  Y  D  D  O  U  E  Y  Z  Y  W  P  T  B  T  I
N  M  I  J  T  Z  S  U  T  I  O  H  A  R  N  O
W  Z  O  N  U  C  B  T  S  P  L  J  E  F  U  K
H  I  E  Y  H  W  B  T  R  L  W  R  L  H  I  E
P  N  E  N  I  L  L  A  K  I  A  P  P  K  Q  M
```

ASENTEET	YKSILÖ
KAUPALLINEN	INDUSTRI
VIESTINTÄ	ÄLYLLINEN
PAINOS	PAIKALLINEN
KOULUTUS	LAUSUNTO
VERKOSSA	SANOMALEHTI
RAHOITUS	JULKINEN
KUVAT	RADIO
FAKTA	VERKKO

72 - Nutrición

```
N  Æ  R  I  N  G  S  S  T  O  F  F  K  T  K  R
K  A  S  T  I  K  E  L  D  B  N  C  A  A  A  U
U  O  J  R  U  O  K  A  H  A  L  U  T  S  R  O
A  A  V  L  M  A  K  U  K  G  T  J  K  A  B  A
L  R  R  Z  I  S  Y  Ö  T  Ä  V  Ä  E  P  O  N
M  C  Z  U  E  V  U  D  W  E  Y  T  R  A  H  S
P  K  U  U  O  T  E  R  V  E  Y  S  A  I  Y  U
P  R  R  U  O  K  A  V  A  L  I  O  G  N  D  L
P  C  O  N  I  A  P  U  K  C  G  S  N  O  R  A
G  N  Z  T  W  D  D  J  J  Ä  J  I  Q  I  A  T
R  O  W  P  E  N  E  P  N  K  Y  A  J  N  T  U
J  B  P  Y  V  I  S  P  N  F  H  M  F  E  E  S
K  A  L  O  R  I  I  D  D  P  A  Y  I  N  R  F
A  Y  J  M  E  S  V  N  U  L  C  K  Q  N  I  A
W  M  M  W  T  I  N  I  I  M  A  T  I  V  E  V
L  A  A  T  U  M  Y  R  K  K  Y  P  I  U  T  N
```

KATKERA	KÄYMINEN
RUOKAHALU	NÆRINGSSTOFF
LAATU	PAINO
KALORI	PROTEIINI
KARBOHYDRATER	MAKU
VILJA	KASTIKE
SYÖTÄVÄ	TERVEYS
RUOKAVALIO	TERVE
RUOANSULATUS	MYRKKY
TASAPAINOINEN	VITAMIINI

73 - Edificios

```
L B S U P E R M A R K E T G I K
A Y W E B Q O T S I P O I L Y O
B T H L T Q K V Y A A R B B O U
O K O O K Y Q K V L I N R O T L
R B C K Q V A N N I L R Z Y K U
A E B U E E T K L T L U A V I W
T T O V I R E T T A E T T A P Y
O K E A E L T S J A T T J Z L E
R H S H I P R T T M O Y O M I A
I P U Q D I W A F T H B K R B L
O C M D Q A O D H O S T E L L I
B K J K V O S I L L A T O T U A
L H V V G D G O T S I E N O U H
Y A W L W R W N F Y G U R U L C
V Ö T S Y T E H Ä L S I G N W I
A H U O I R O T A V R E S B O F
```

HOSTELLI	MAATILA
HUONEISTO	SAIRAALA
LINNA	HOTELLI
ELOKUVA	LABORATORIO
LÄHETYSTÖ	MUSEO
KOULU	OBSERVATORIO
STADION	SUPERMARKET
TEHDAS	TEATTERI
AUTOTALLI	TORNI
LATO	YLIOPISTO

74 - Océano

```
M Y R S K Y Y O D T O B Y K V B
Q V Y O W Y J W W Ä U U V A M M
T G Z L Z Q M H P V B N W L P R
S U O L A K K L P E Q F F A V A
M I C B R A P U P L C B P I V L
R B C Z A S A I R E K N A I S A
M A N E T U V A R A K T A K A K
H D J N T V J D D E H A I G L E
I H D E U D D V E G T V K H A T
H Y U V I Q W I I L C S U N V S
J N F Q R H E K D U F Y O B I U
K O R A L L I N E I S I O N T M
T I D E V A N N E V O L I B R B
K I L P I K O N N A M F I N L C
I Y H B C A L V Z F D O G M I U
Z H J S U R Q V L O H J D O O T
```

LEVÄT	SIENI
ANKERIAS	TIDEVANN
RIUTTA	MANET
TUNFISK	OSTERI
VALAS	KALA
VENE	MUSTEKALA
KATKARAVUT	SUOLA
RAPU	HAI
KORALLI	MYRSKY
DELFIINI	KILPIKONNA

75 - Ciudad

```
L U F T H A V N P G K K Y C N A
T E A T T E R I Y A O F O R P P
G A V U K O L E P L U Q J A Y T
W P I Y R F J P I L L E T O H E
M P D P V C Z G I E U P M P O E
A U L E I P O M O R K J O F K K
H A S R V T S N O I D A T S A K
R K Y E P L P E T A N N S I U I
A A D E O F A T S K G I A P P S
T J V M E O N Q I K W K J Y P R
N R W I D K K Q P I A K R Q A Z
I I R K N Z K V O N U R I H Z I
Ä K L Y P T I I I I K A K V R S
L O Q F D W O Q L L B M F V B L
E U Q Z U A A L Y K A P O Z S D
H U O F T E K R A M R E P U S G
```

LUFTHAVN	KIRJAKAUPPA
PANKKI	MARKKINA
KIRJASTO	MUSEO
ELOKUVA	LEIPOMO
KLINIKKA	RAVINTOLA
KOULU	SUPERMARKET
STADION	TEATTERI
APTEEKKI	KAUPPA
GALLERIA	YLIOPISTO
HOTELLI	ELÄINTARHA

76 - Agronomía

```
K T U O T A N T O S D Q K A N R
W A O K P M N E N I N A A G R O
V F S V I K K D B E D Z F W Q M
E O Z V T I W E C M U B E I A Q
K R Y M I H U I U E V J U N L Z
O U M A M T V T Q N R L L N H W
L R P A E P W Q D E Y D J R I A
O E Ä S E T M N E T I O N N A L
G N R E T E T A E N E R G I A G
I S I U S D C U A E R O O S I O
A N S D Y U Q A T T Z S F V B J
W I T U S A M Y C K A O V M R S
K N Ö N O R W J I M I L A A W J
B G T B K I Q A U V B M O S T D
H Z O K K A S V U F P V U U H C
Y T S J M S V E S I K E Z S S O
```

MAATALOUS — TUTKIMUS
VESI — LANNOITE
TIEDE — YMPÄRISTÖ
FORURENSNING — ORGAANINEN
KASVU — KASVIT
EKOLOGIA — TUOTANTO
ENERGIA — MAASEUDUN
SAIRAUDET — SIEMENET
EROOSIO — SYSTEEMIT

77 - Deporte

```
L  J  E  M  W  Y  Y  J  K  Y  P  P  J  H  F  U
I  Z  D  N  U  G  T  D  B  G  Y  D  O  U  Z  R
H  M  Q  D  E  W  O  S  C  L  Ö  W  H  O  Z  H
A  D  I  O  M  I  S  K  A  M  R  S  G  S  H  E
K  R  L  N  T  T  J  B  Y  S  Ä  Y  Y  Q  H  I
S  U  M  E  S  T  I  V  A  R  I  E  V  D  I  L
E  K  E  S  T  Ä  V  Y  Y  S  L  V  A  O  Ä  U
T  I  V  H  O  G  B  L  J  U  Y  R  H  H  P  N
V  A  L  M  E  N  T  A  J  A  K  E  V  J  K  F
I  A  J  I  L  I  E  H  R  U  L  T  U  E  Y  G
F  V  S  V  E  N  Y  T  T  E  L  Y  U  L  K  L
T  A  N  S  S  I  T  K  I  R  H  A  S  M  Y  U
I  Z  N  Z  U  Z  P  A  E  O  O  J  Q  O  E  U
R  M  O  C  U  D  I  B  H  H  V  T  N  I  A  T
R  U  O  K  A  V  A  L  I  O  O  A  K  D  Z  R
V  Q  N  T  V  Q  J  T  U  V  N  D  T  A  Z  P
```

URHEILIJA	VAHVUUS
TANSSIT	LUUT
KYKY	MAKSIMOIDA
SYDÄN	TAVOITE
PYÖRÄILY	LIHAKSET
KEHO	RAVITSEMUS
URHEILU	OHJELMOIDA
RUOKAVALIO	KESTÄVYYS
VALMENTAJA	TERVEYS
VENYTTELY	

78 - Actividades y Ocio

```
H  L  E  N  T  O  P  A  L  L  O  G  Z  S  R  N
Z  A  A  R  K  A  L  A  S  T  U  S  U  E  E  K
T  K  R  M  I  M  A  U  Z  V  U  H  C  Q  N  B
N  G  K  R  K  K  M  Z  B  C  L  L  O  B  T  U
V  O  L  L  A  P  I  R  O  K  I  D  V  F  O  I
D  L  Z  K  W  S  U  L  L  E  A  V  U  O  U  S
T  L  V  M  D  B  T  J  N  J  T  M  N  M  T  S
D  A  N  F  S  J  E  U  S  J  U  M  Y  T  T  S
B  P  I  A  A  T  S  U  K  T  A  M  R  E  A  U
Q  A  U  D  S  U  K  K  C  S  L  I  K  N  V  K
I  K  E  Z  E  G  O  U  A  U  E  J  K  N  A  E
S  L  P  F  Z  A  T  N  M  A  N  T  E  I  Q  L
E  A  E  N  H  V  S  W  P  L  I  F  I  S  T  L
G  J  T  L  J  K  O  V  I  A  A  P  L  I  K  U
B  A  S  E  B  A  L  L  N  A  L  B  Y  O  J  S
O  W  Q  S  K  H  B  B  G  M  Q  B  V  Y  G  A
```

HARRASTUKSET	GOLF
TAIDE	UIMA
KORIPALLO	KALASTUS
BASEBALL	MAALAUS
NYRKKEILY	RENTOUTTAVA
SUKELLUS	VAELLUS
CAMPING	LAINELAUTAILU
KILPA	TENNIS
OSTOKSET	MATKUSTAA
JALKAPALLO	LENTOPALLO

79 - Ingeniería

```
L E T S E N U Z U V M A D F A M
A N Z I N H N Q N A I K M U Z M
S E E E O W L I J K T S B L G C
K R R P K M S G M A T E L E U Y
E G R A K E N N E U A L Z K P K
M I R O T T O O M S U I S A I K
I A V B O T C V F J S R Q J V I
N J A A D D V Q P E M C M J S T
E I G C V O L S W S Y V Y Y S K
N S O D R I H K G K E H O C T A
K I P K I O C L E T G J N S U K
U A A Y N E N I M A T N E K A R
D K A B E A S U U V H A V P V Z
D L M V I G M E U J D O T M L N
P A T W I H S N L I Z W V C D M
H H Y Z U O I S L U P O R P T Y
```

KULMA	RAKENNE
LASKEMINEN	KITKA
RAKENTAMINEN	VAHVUUS
KAAVIO	NESTE
HALKAISIJA	KONE
DIESEL	MITTAUS
JAKELU	MOOTTORI
AKSELI	VIPU
ENERGIA	SYVYYS
VAKAUS	PROPULSIO

80 - Comida #1

```
S  L  I  Ä  Y  B  S  S  U  O  L  A  R  H  O  V
R  I  T  N  G  R  I  B  H  T  Z  K  N  B  P  A
D  R  T  Y  J  Z  P  M  E  I  H  K  A  D  O  L
F  E  A  R  L  L  U  K  M  A  A  I  V  O  R  K
Q  K  A  Ä  U  L  L  G  N  M  D  S  Y  L  K  O
T  O  L  Ä  N  U  I  B  R  Q  C  N  L  A  K  S
N  S  A  P  N  M  N  T  E  V  P  A  Q  D  A  I
G  P  S  U  G  A  I  A  E  K  M  M  A  D  N  P
R  D  I  U  U  P  A  K  I  L  I  S  A  B  A  U
L  I  H  A  P  S  I  R  U  A  N  N  R  N  Y  L
H  M  H  H  Q  P  N  N  L  E  T  E  C  N  O  I
L  Y  L  U  I  L  E  N  A  K  T  J  R  O  C  F
T  U  N  F  I  S  K  I  G  A  U  O  B  V  I  V
O  L  W  S  C  B  U  J  O  H  T  P  R  B  F  Y
N  N  M  N  B  M  V  D  D  E  Z  T  Z  L  B  U
J  R  O  O  G  F  P  H  B  B  I  D  I  L  N  M
```

VALKOSIPULI	MANSIKKA
BASILIKA	MEHU
TUNFISK	MAITO
SOKERI	SITRUUNA
KANELI	MINTTU
LIHA	NAURIS
OHRA	PÄÄRYNÄ
SIPULI	SUOLA
SALAATTI	SUPPE
PINAATTI	PORKKANA

81 - Antigüedades

```
A  I  E  Q  U  H  C  F  O  M  T  A  I  T  O  G
K  H  U  U  T  O  K  A  U  P  P  A  T  N  I  H
E  O  E  N  T  I  S  Ö  I  N  T  I  L  K  N  L
P  E  R  A  J  A  T  S  A  R  R  A  H  O  G  A
Ä  U  S  I  L  Y  Y  T  P  Z  W  O  L  R  A  A
T  Y  M  R  S  S  I  J  O  I  T  U  S  U  V  T
A  I  R  E  T  T  A  R  V  O  I  Y  O  T  Q  U
V  P  R  L  I  Y  E  R  S  G  J  T  T  P  Q  L
A  A  V  L  U  Q  Y  D  A  A  U  V  S  F  H  A
L  H  O  A  J  M  F  L  I  T  O  K  I  L  O  K
L  N  N  G  V  N  P  V  I  A  M  N  E  K  Q  E
I  A  E  O  T  I  I  W  B  K  T  P  V  H  C  N
N  V  U  O  S  I  S  A  T  A  Ä  U  Q  S  W  O
E  C  R  Z  Z  L  U  E  U  I  N  S  H  Z  W  U
N  K  O  K  J  M  U  V  A  Z  N  M  S  S  T  H
K  E  L  V  F  U  L  W  F  L  C  L  D  S  B  W
```

TAIDE	SIJOITUS
AITO	KORUT
LAATU	KOLIKOT
KORISTE	HUONEKALU
TYYLIKÄS	HINTA
HARRASTAJA	ENTISÖINTI
VEISTOS	VUOSISATA
TYYLI	HUUTOKAUPPA
GALLERIA	ARVO
EPÄTAVALLINEN	VANHA

82 - Literatura

```
U L I A T R E V F K N H Z Z E V
P O N U R V K W M I N A A M O R
R P N U U K Z T K S K E F Z Y T
U P S D T T Y E E Y Z T R A S Y
N U Y Z C L B K R Y A M I P J Y
O S U A V U K I T L C I T O C L
L O M D J Q O J O A C N T A T I
L I O M K I Q Ä J N M J O N R A
I N R U Z A S O A A O Q O A Y Y
N T E L Ä M Ä K E R T A D L T T
E U D T E E M A J L F K K O M A
N L L I S F E K Q M T U E G I U
C N K P A B P R Z B V E N I H Y
O A N Ä M L E T Ä Ä P O A A J I
R R B F S F O T R A G E D I A L
N Y V R V J L G M E T A F O R A
```

ANALOGIA	FIKTIOTA
ANALYYSI	METAFORA
ANEKDOOTTI	KERTOJA
TEKIJÄ	ROMAANI
ELÄMÄKERTA	RUNO
VERTAILU	RUNOLLINEN
PÄÄTELMÄ	LOPPUSOINTU
KUVAUS	RYTMI
DIALOG	TEEMA
TYYLI	TRAGEDIA

83 - Química

```
M O Z T R I E F H R C K C C N C
Q Q O Z E Y L N A I H Q C I A J
C F U P A O E E P U T P N M V U
E J H Z K Q K S P R J U B Y L N
K M J B T J T T O U Y I F Y D W
Z F Ä T I B R E P A N A D S C Q
K Q D K O R O T A S Y L A T A K
G A I K S Q N D U T T B K N V L
H Y A Z W I I N O I E F R E E Ä
Z Z R S E R N P L L V D T U M M
H C Y K U O I E P L T P A K I P
R D A Y K O D A N A Q P L K N Ö
G Z G E Y L Y F J T H A G V S N
U O B J O K K I Q E R I L I I H
M O L E K Y Y L I M G N R V F K
D N N S C R S U O L A O Q G J C
```

EMÄKSINEN	IONI
HAPPO	NESTE
LÄMPÖ	METALLIT
HIILI	MOLEKYYLI
KATALYSATOR	YDIN
KLOORI	HAPPI
ELEKTRONI	PAINO
ENTSYYMI	REAKTIO
KAASU	SUOLA
VETY	

84 - Gobierno

```
P Z I V V K D F G S O I K E U S
U J C G S D E O R S I C F R B B
H A N T U R U S G C B V N A K R
E I A C J E A K K I I T I L O P
S Y M B O L I Z S U S U O I Q P
M O N U M E N T T I S G A Y L A
K H L W P I W R D I J T T I R I
A I I I N P Q A P E K E S C T
N E N I L L A S N A K A L L M A
S V T P M E O V R A A S A T U R
A A U L A C W P A J A T H O J K
K P V U N E N I L L A H U A R O
U A V N O J S U T I T S N O K M
N U M T E L A K I B O I R S W E
T S Z M T C R K M S D F O D J D
A P I I R I U R E T T S L I G O
```

SIVIILI-
KONSTITUSJON
DEMOKRATIA
PUHE
KESKUSTELU
PIIRI
VALTIO
TASA-ARVO
RETTSLIG
OIKEUS

LAKI
VAPAUS
JOHTAJA
MONUMENTTI
KANSALLINEN
KANSAKUNTA
RAUHALLINEN
POLITIIKKA
SYMBOLI

85 - Creatividad

```
U I I S U U S I A M L I M L D V
Q N L S Ä I L E S K E K O L R A
Z T T Q U Q K N L L F L G Y A I
T E U B E J B N K K Z Y O Z M K
F N G N L H M U L I E W D H A U
S S F E H A I T O U S Y F V A T
P I Q N V I S I O I T A S C T E
O T M I E L I K U V I T U S T L
N E Z L W J L W G P L V U U I M
T E D L I N C F L Y G V V T N A
A T Q E D A U T G C T D E I E V
A T O E E U U T N Q W Z S O N U
N I J T O I T I U T N I K N S K
I R Q I I J V Q V T Q N O N K E
F M M A T A Q V N J P G U I A L
H J J T A P T Y P E V B J C E C
```

TAITEELLINEN	KUVA
AITOUS	MIELIKUVITUS
SELKEYS	VAIKUTELMA
DRAMAATTINEN	INNOITUS
SPONTAANI	INTENSITEETTI
ILMAISU	INTUITIO
JUOKSEVUUS	KEKSELIÄS
TAITO	TUNNE
IDEOITA	VISIOITA

86 - Clima

```
T R A E Y T S P M O N S U U N I
I R S L N E N I L L A H U A R L
L M O E H I J L S F R C Z N D Ä
M R E O L E U V J B F A M E B M
A U G F P Z N I J C D P J N H P
S P M Q Y P O I Y C J N D O U Ö
T K O N B L I J L M Y R S K Y T
O B F L F C D N P M R K B K P I
P O W G A W A Ä E S A V I U K L
L D J F C R U Ä D N S I N V W A
S A L A M A O J K M A N N T G G
I N A A K I R R U H I R I E Z O
I R G Y L Z T U L V A B L E N P
V O A V I B P M K U I V U U S Q
P T A O C H D U F C O A U L M C
U T J B U S B S A V I A T R L T
```

ILMAINEN
RAUHALLINEN
TAIVAS
ILMASTO
JÄÄN
HURRIKAANI
TULVA
MONSUUNI
SUMU
PILVI

POLAR
SALAMA
KUIVA
KUIVUUS
LÄMPÖTILA
MYRSKY
TORNADO
TROOPPINEN
UKKONEN
TUULI

87 - Comida #2

```
M  I  B  R  G  Ä  J  K  V  D  A  S  M  A  B  G
T  A  O  M  E  N  A  A  O  C  H  U  U  R  H  F
J  N  N  M  U  H  A  N  J  Z  P  K  N  T  Z  E
C  U  E  T  C  E  S  A  Z  U  C  L  A  I  R  Q
B  M  K  Q  E  V  T  D  E  Z  E  A  K  S  O  U
A  I  R  E  L  L  E  S  E  D  T  A  O  O  E  E
D  D  K  L  Ä  D  I  V  I  I  K  N  I  K  R  S
T  W  L  Ä  P  I  E  L  I  V  Y  J  S  K  D  B
B  O  U  P  Y  Z  P  A  F  F  E  N  O  A  P  E
A  R  M  F  R  H  H  K  T  S  K  F  I  N  J  Z
N  I  Z  A  K  K  U  K  N  O  G  N  I  R  U  A
A  I  A  L  A  Z  R  I  O  M  P  E  D  A  Z  R
A  S  B  E  I  T  M  S  U  Z  G  N  C  G  K  F
N  I  J  W  I  T  T  R  U  G  O  J  O  Y  Y  L
I  Y  J  Z  D  O  G  I  R  Ä  Ä  V  I  K  N  I
K  J  U  U  S  T  O  K  K  D  P  J  Z  Y  U  B
```

ARTISOKKA	KIIVI
MANTELI	OMENA
SELLERI	LEIPÄ
RIISI	BANAANI
MUNAKOISO	KANA
KIRSIKKA	JUUSTO
SUKLAA	TOMAATTI
AURINGONKUKKA	VEHNÄ
MUNA	RYPÄLE
INKIVÄÄRI	JOGURTTI

88 - Diplomacia

```
S U U S I L L A V R U T H K P L
O U L E T S U K S E K V D O O I
N R B K I N Y C J Q C B V N L I
P E S C O B E S L R C D M F I T
V N U S U M I P O S A F P L T T
A J E V Q S A E R V S S Ä I I O
H S K J O Ö S I E T H Y Ä K I L
E U I M Q N E W N A Q E T T K A
R T O C V B A L E E O H Ö I K I
E I I L I A R N N F N E S D A N
G L L I L W Ö Y T S I E T H Y E
R L E U K T A J N A P M A K J N
O A I K R K E Z E J J G Q D U Z
B H K U S I A K T A R A C L N V
L Ä H E T Y S T Ö O B Z Q E H E
N C J P Q C Y B O Z S I O V F O
```

LIITTOLAINEN
NEUVONANTAJA
KAMPANJAT
BORGERE
YHTEISÖ
KONFLIKTI
YHTEISTYÖ
KESKUSTELU
LÄHETYSTÖ
ULKOMAINEN

ETIIKKA
HALLITUS
KIELI
EHEYS
OIKEUS
POLITIIKKA
PÄÄTÖS
TURVALLISUUS
RATKAISU
SOPIMUS

89 - Herboristería

```
I  M  A  R  H  A  S  E  T  S  U  A  M  B  U  S
I  L  E  T  N  E  V  A  L  M  H  B  E  M  Z  K
Q  C  T  I  P  U  U  T  A  R  H  A  W  F  B  K
C  J  G  P  R  V  A  L  K  O  S  I  P  U  L  I
L  F  W  U  V  A  J  L  I  S  R  E  P  Z  K  H
I  R  Z  H  W  K  M  L  K  F  O  M  E  R  A  H
K  Z  Q  V  Z  I  F  I  T  R  P  O  T  Y  S  I
L  J  G  A  B  L  L  S  M  M  J  B  O  R  V  N
A  A  N  E  N  I  T  T  A  A  M  O  R  A  I  I
V  I  A  V  P  S  P  R  K  F  E  N  K  O  L  I
I  L  N  T  Q  A  Y  C  U  K  U  K  K  A  F  R
H  E  U  E  U  B  Y  W  T  T  I  L  L  I  H  A
R  J  U  R  S  Y  Y  Z  T  N  B  K  J  Q  I  M
E  A  K  N  O  O  V  L  N  P  L  Z  G  R  V  S
Ä  N  A  U  K  E  S  V  I  L  F  A  P  N  E  O
S  W  R  M  F  E  Q  A  M  L  C  O  U  G  A  R
```

VALKOSIPULI	PUUTARHA
BASILIKA	LAVENTELI
AROMAATTINEN	MEIRAMI
MAUSTESAHRAMI	MINTTU
LAATU	PERSILJA
TILLI	KASVI
RAKUUNA	ROSMARIINI
KUKKA	MAKU
FENKOLI	VIHREÄ
AINESOSA	

90 - Energía

```
D  J  T  D  U  C  I  L  V  F  E  G  P  T  F  B
I  N  O  R  T  K  E  L  E  T  I  S  C  U  O  E
E  N  I  A  O  T  T  L  O  P  I  Y  F  R  T  N
S  T  B  L  H  D  L  R  S  V  G  P  R  B  O  S
E  F  O  R  U  R  E  N  S  N  I  N  G  I  N  I
L  U  U  S  I  U  T  U  V  A  P  B  J  I  I  I
S  K  V  F  R  D  T  I  U  J  C  R  E  N  Y  N
Ä  C  E  W  P  H  A  U  R  I  N  K  O  I  I  I
H  V  T  G  F  L  L  I  L  I  I  H  Ö  Y  R  Y
K  O  Y  H  A  L  C  M  N  Y  D  U  A  N  T  K
Ö  I  S  E  U  P  Ä  O  V  Q  Y  O  Q  D  S  P
I  R  O  T  T  O  M  C  T  P  V  C  J  U  J
N  Q  U  Y  A  F  A  I  P  O  R  T  N  E  D  D
E  U  N  U  W  W  C  T  C  Ö  T  U  Y  S  N  H
N  K  R  F  F  S  L  P  G  W  A  F  H  R  I  B
K  A  D  E  G  L  Z  H  Z  Z  O  A  K  K  U  M
```

AKKU	BENSIINI
LÄMPÖ	VETY
HIILI	INDUSTRI
POLTTOAINE	MOOTTORI
FORURENSNING	YDIN
DIESEL	UUSIUTUVA
ELEKTRONI	AURINKO
SÄHKÖINEN	TURBIINI
ENTROPIA	HÖYRY
FOTONI	TUULI

91 - Insectos

```
K F R O C N T E Y J M P Z I C U
M F U T Q Y O T A M U M O N F O
G E D J K Z U C A H U P K N Q F
N R H E O I K I N O R C P L O P
K R E I I F K C E T A K K R I S
W Y Z S L C A A N N H W H F I A
I R I Y S Ä K D O E A V R I K K
N T E P K H I A H R I T C A O K
H O R N E T O N R O N O V I W R
C O N D K E W P E K E R K B U I
H Y T T Y N E N P N N A K J G S
A M P I A I N E N E J K U Q S Ä
F C Y Z M F A O J D P K H T N N
T E R M I I T T I U E A G J B I
U N D W R H S Y W S B F N O E E
L E P P Ä K E R T T U D P H A H
```

MEHILÄINEN
AMPIAINEN
HORNET
KIRVA
CICADA
TORAKKA
MATO
MUURAHAINEN
GRESSHOPPE
TOUKKA

SUDENKORENTO
SIRKKA
PERHONEN
LEPPÄKERTTU
HYTTYNEN
KOI
KIRPPU
HEINÄSIRKKA
TERMIITTI

92 - Especias

```
I  E  L  Z  U  M  S  F  F  V  J  T  K  L  L  U
S  W  T  T  B  A  U  E  V  A  M  D  Y  S  Y  T
C  U  R  R  Y  U  O  N  Y  L  T  M  N  P  C  J
U  R  T  C  E  S  L  K  S  K  U  A  S  U  F  G
Q  I  I  T  R  T  A  O  T  O  J  K  I  R  C  J
K  C  J  C  S  E  E  L  E  S  K  U  J  N  I  D
S  U  G  W  C  S  K  I  S  I  N  A  S  L  P  N
T  G  K  N  E  A  A  S  T  P  H  N  N  S  C  T
P  F  L  O  E  H  M  V  K  U  U  I  A  E  B  A
V  I  S  T  I  R  K  A  L  L  Y  M  P  Q  L  K
A  L  P  H  E  A  S  O  F  I  G  U  A  B  M  I
N  U  D  P  Z  M  E  S  P  C  S  K  H  T  O  R
I  P  E  Y  U  I  R  Ä  Ä  V  I  K  N  I  V  P
L  I  B  G  Z  R  K  A  R  D  E  M  U  M  M  A
J  S  O  W  Q  L  I  K  A  T  K  E  R  A  W  P
A  R  Z  Z  F  U  N  G  Z  F  I  U  N  C  V  B
```

HAPAN	CURRY
VALKOSIPULI	MAKEA
KATKERA	FENKOLI
ANIS	INKIVÄÄRI
MAUSTESAHRAMI	PAPRIKA
KANELI	PIPPURI
KARDEMUMMA	LAKRITSI
SIPULI	MAKU
KYNSI	SUOLA
KUMINA	VANILJA

93 - Emociones

```
M  R  E  N  T  O  R  Q  V  Q  L  J  D  W  E  U
Y  Q  J  G  Q  B  W  A  A  T  T  U  T  U  U  S
Ö  L  W  P  Z  W  B  L  K  Y  A  T  I  R  Z  Z
T  F  E  U  F  L  N  S  B  K  I  D  B  R  Y  R
Ä  W  N  P  D  T  O  R  F  R  A  P  E  L  K  O
T  I  N  N  O  I  S  S  A  A  N  U  C  U  F  K
U  T  Y  Y  T  Y  V  Ä  I  N  E  N  S  I  L  O
N  K  I  I  T  O  L  L  I  N  E  N  B  D  L  H
T  B  P  Ö  R  A  U  H  A  L  L  I  N  E  N  E
O  T  V  F  T  R  A  U  H  A  S  A  S  E  U  L
S  U  U  S  I  L  L  A  H  U  A  R  K  F  J  P
S  I  R  I  I  B  Ä  O  Y  G  R  J  R  Q  Q  O
G  H  E  L  L  Y  Y  S  U  U  T  U  A  A  D  T
Y  S  T  Ä  V  Ä  L  L  I  S  Y  Y  S  F  B  U
T  S  N  E  N  I  M  Y  T  S  Y  V  Ä  K  I  S
Q  V  R  Y  L  L  Ä  T  Y  S  N  H  K  W  B  G
```

IKÄVYSTYMINEN	SUUTUTTAA
KIITOLLINEN	PELKO
ILO	RAUHA
HELPOTUS	RENTO
RAKKAUS	TYYTYVÄINEN
AUTUUS	MYÖTÄTUNTO
YSTÄVÄLLISYYS	YLLÄTYS
RAUHALLINEN	HELLYYS
SISÄLTÖ	RAUHALLISUUS
INNOISSAAN	

94 - Universo

```
P P O I B D K D C S K T N Z C W
I Z Ä N Ä K Y V Ä B R G G U N E
T B D I K T U P O K U A K E W D
U K R S V H O R I S O N T T I E
U G U K A Ä B D N M J E L M F I
S Q I A N E N I L L A A V I A T
A J K L O C K S A U R I N K O I
S I K A E T U N E N I M S O K T
T P A G D I U T E I I D H D G H
E K I P W P G K B L S T P Z Z Ä
M C D M R D I O V N U A P S G T
D Z O N E N I A M L I K U Y D H
J G Z G L Y T A I V A S V S Q V
E G J A E T S A S Y E V E L L I
P Ä I V Ä N T A S A A J A N A K
A S T E R O I D I B Y W G W D H
```

ASTEROIDI	HORISONTTI
TÄHTITIEDE	LEVEYSASTE
ILMAINEN	PITUUSASTE
TAIVAALLINEN	KUU
TAIVAS	PIMEYS
KOSMINEN	AURINKO
PÄIVÄNTASAAJA	PÄIVÄNSEISAUS
EON	KAUKOPUTKI
GALAKSI	NÄKYVÄ
HALVKULE	ZODIAKKI

95 - Jazz

```
T I J A L R Y T M I U U G T U
N E M P D K S U T O N I A P A Z
C L K P V T T M T T L N T P I T
M P S N R P A M Y M P E M K T O
K N U D I O C U Y S W L U O E R
U U M T V I V R L U T Z S N I K
S L U E C U K I I L Q T I S L E
B W T L F K O K S U I Ä I E I S
R I S U U T N Q A A R J K R J T
G O O B R I M U B L A Ä K T A E
J J O L H K S H Y U H T I T Z R
K Y K Y K I T A V S N L I I C I
V D U Z H S P A K K A E U O B H
N I D U N O H R C R V V Y Y F L
Q P K J S U F Z V F W Ä R K L H
D L O V C S F Q V L Z S P A G O
```

TAITEILIJA	LAJI
ALBUMI	IMPROVISAATIO
LAULU	MUSIIKKI
KOOSTUMUS	UUSI
SÄVELTÄJÄ	ORKESTERI
KONSERTTI	RYTMI
TYYLI	KYKY
PAINOTUS	RUMMUT
KUULUISA	TEKNIIKKA
SUOSIKIT	VANHA

96 - Mediciones

```
T U N S S I R T E M O L I K K D
B O G R A M M A U D I R R K O E
R N N V T W Z G B T V W T R R S
V I C N P N C K M F Q E E N K I
R A T W I R A T T I M C M A E M
I P G E P I V E M N E E I E U A
B G I Z N P N A D L C S T A S A
U P V W C T I Q T U M Y T H I L
U K T F N Q J T W Y T H N G P I
P F Y S I T T U U N I M E U F F
N T M Y B Q V J N U E E S F H U
E A B A A S T E L F S Y Y V Y S
N V W M S Y E V E L E P H P W P
F U U U W S U U V A L I T D N P
I V J U J W A M M A R G O L I K
W L T T G P F E L I T R A S J G
```

KORKEUS	PITUUS
LEVEYS	MASSA
TAVU	MITTARI
SENTTIMETRI	MINUUTTI
DESIMAALI	UNSSI
ASTE	PAINO
GRAMMA	SYVYYS
KILOGRAMMA	TUUMA
KILOMETRI	TONNI
LITRA	TILAVUUS

97 - Barcos

```
K T A U G I V M P S S C Y Z K C
A B S A M A T T U A L W Ö O M B
J D M H L Q U I R E M A T L A V
A M F J I T H A J P S I S H F D
K L O R W I O V E M P O I J U K
K J W M A S T O V A E V H P M Z
K Ö Y S I E Y O E N C R E K O J
M A A I E V F B N K I Z I Q O O
E K R T K O R P E K Y C M D T K
R U A T L R S Ä A U V Y T S T I
I D W O F O H K J R I Z O L O V
M O P O Y U J T U I H I I R R I
I O E N E V S U T S A L E P I N
E Y B A H Y M S O Z S A J I J P
S A U K P L P D N N E W K S Z S
E L S E H D I Z Y E D S S U S I
```

ANKKURI	MERIMIES
LAUTTA	MASTO
PELASTUSVENE	MOOTTORI
POIJU	VALTAMERI
KANOOTTI	AALTO
KÖYSI	JOKI
KAJAKK	MIEHISTÖ
JÄRVI	PURJEVENE
MERI	JAHTI
VUOROVESI	

98 - Antártida

```
N E N I M Ä T T Y L I Ä S V R Q
Ä I B E J Y B G H E E U S Z W A
Ä T E D E I T N A A M P I L V I
J H P M C H E O T T L P M S A F
P A I E I D R M U N Ä I A K F A
P L M S N M A W T U M N A I P R
L K N P B U A E K K P G N V M G
T I E J O R S A I I Ö V O I I O
I N N O J E E B J K T I S N N P
K Z N T H K P E A T I I A E E O
V O U T U C N L R E L N T N R T
P O V U E U N D I R A I O R A C
C V E U C F B T R T E T T Q A D
W M S M R F H B P S O R J T L M
B H I R N E N I L L E E T E I T
T M P D W U Z N I R Y O N A D L
```

VESI	SAARET
LAHTI	MUUTTO
TIETEELLINEN	MINERAALI
SÄILYTTÄMINEN	PILVI
MAANOSA	LINTU
RETKIKUNTA	NIEMIMAA
MAANTIEDE	PINGVIINIT
ISBREER	KIVINEN
JÄÄN	LÄMPÖTILA
TUTKIJA	TOPOGRAFIA

99 - Mamíferos

```
E  P  R  Q  R  L  C  O  U  K  Z  U  O  S  G  W
J  A  N  E  W  F  P  Y  E  M  S  K  T  P  V  W
K  A  R  H  U  T  T  E  K  J  H  O  O  D  V  S
L  H  S  K  E  N  G  U  R  U  Q  I  A  A  S  I
A  Ä  A  S  I  H  M  L  T  C  S  R  S  L  S  L
M  R  L  S  I  L  E  M  A  K  U  A  E  L  U  P
M  K  A  F  T  K  L  Q  U  K  S  Q  E  I  U  Q
A  Ä  V  D  T  L  G  T  C  D  I  I  P  R  R  O
S  Q  Q  F  O  H  E  V  O  N  E  N  R  O  F  E
J  M  S  C  O  K  B  T  N  J  L  Z  A  G  D  N
R  W  W  C  J  C  I  I  V  B  E  D  U  K  A  O
Z  F  W  F  O  R  U  L  F  R  E  D  J  O  P  R
I  U  F  Q  K  S  D  B  I  V  P  N  V  F  I  S
Y  J  Y  P  U  E  K  Z  K  S  J  N  Y  C  N  U
K  I  R  A  H  V  I  N  I  I  F  L  E  D  A  T
I  C  O  N  I  N  M  R  P  S  A  Y  Q  V  K  S
```

VALAS	KISSA
AASI	GORILLA
HEVONEN	KIRAHVI
KAMELI	SUSI
KENGURU	APINA
SEEPRA	KARHU
KANI	LAMMAS
KOJOOTTI	KOIRA
DELFIINI	HÄRKÄ
NORSU	KETTU

100 - Abejas

```
K  N  O  O  Ä  S  E  P  T  K  O  Z  K  E  K  Y
A  J  A  N  U  H  I  G  D  G  I  A  K  O  U  R
S  H  F  Z  V  L  V  I  A  I  W  K  U  F  N  G
V  O  B  P  A  A  R  F  T  M  M  K  B  S  I  C
I  Q  Y  K  S  W  A  R  P  E  N  U  A  B  N  Y
T  A  K  U  K  R  P  C  A  E  P  K  H  B  G  H
Z  M  W  D  G  N  I  M  R  T  S  Ö  V  G  A  E
P  U  U  T  A  R  H  A  A  S  I  A  L  K  T  D
Y  Q  A  I  J  I  C  H  F  Y  I  U  M  Y  A  E
O  B  H  Y  Y  K  D  G  I  S  V  R  R  A  R  L
M  S  Y  P  J  M  C  I  I  O  E  I  F  L  E  M
M  R  G  T  A  R  W  M  N  K  T  N  Z  U  A  Ä
U  V  Y  M  V  C  T  Q  I  E  E  K  D  H  C  A
H  Y  Ö  D  Y  L  L  I  N  E  N  O  F  T  H  K
H  Y  Ö  N  T  E  I  N  E  N  W  L  T  R  O  D
W  P  P  Y  V  Z  P  O  L  L  I  N  A  T  O  R
```

SIIVET	SAVU
HYÖDYLLINEN	HYÖNTEINEN
PARAFIINI	PUUTARHA
PESÄ	HUNAJA
RUOKA	KASVIT
EKOSYSTEEMI	SIITEPÖLY
PARVI	POLLINATOR
KUKKA	KUNINGATAR
KUKAT	AURINKO
HEDELMÄ	

1 - Agua

2 - Arqueología

3 - Granja #2

4 - Aviones

5 - Tipos de Cabello

6 - Ciencia Ficción

7 - Granja #1

8 - Camping

9 - Fruta

10 - Geología

11 - Inmigración

12 - Álgebra

13 - Plantas

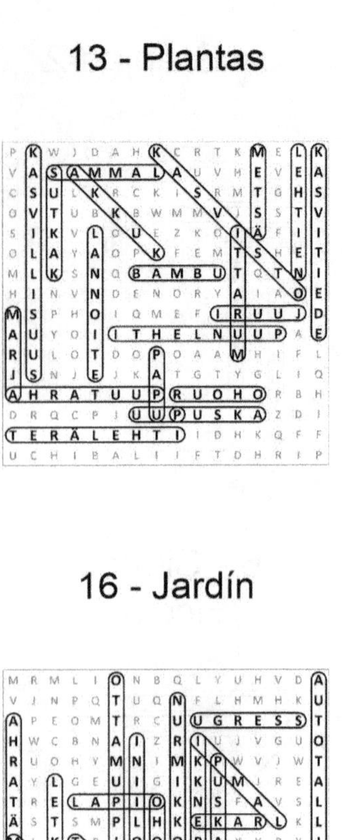

14 - Suministros de Arte

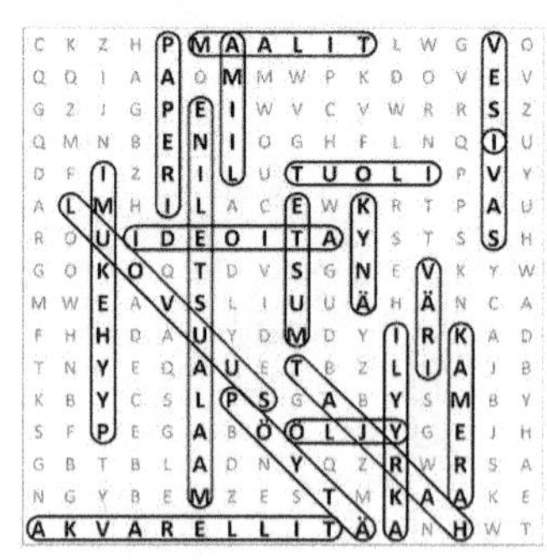

15 - Negocio

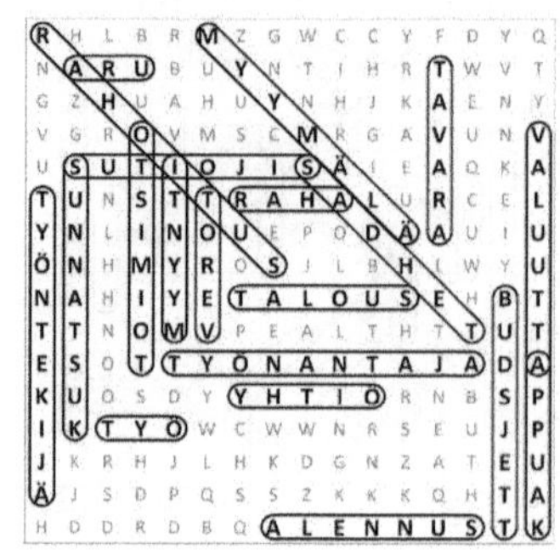

16 - Jardín

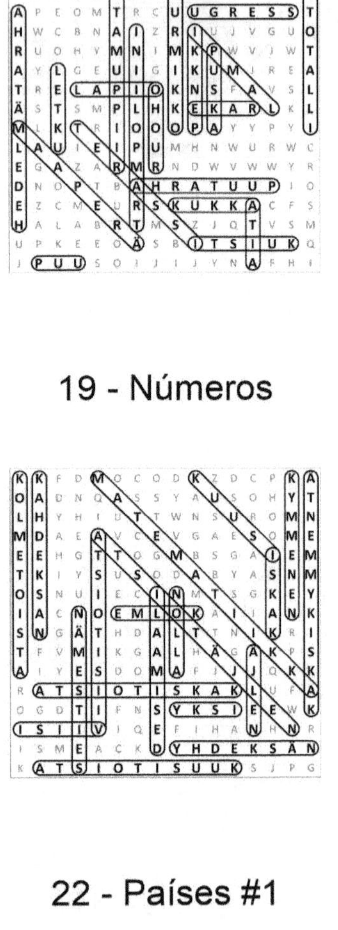

17 - Países #2

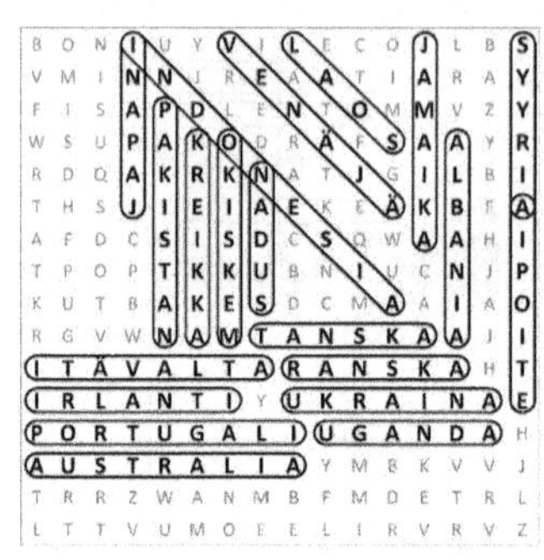

18 - Tecnología

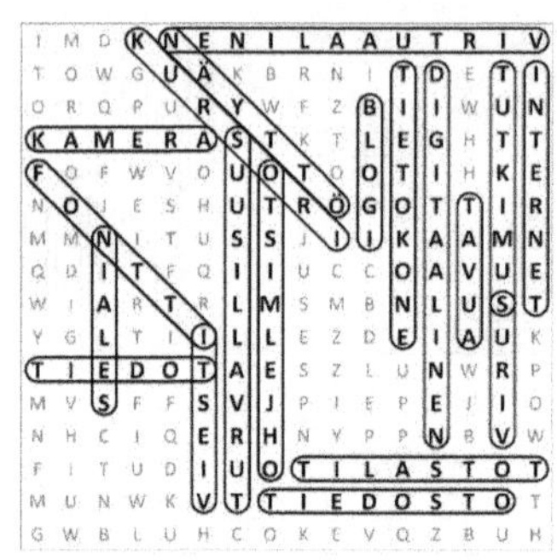

19 - Números

20 - Física

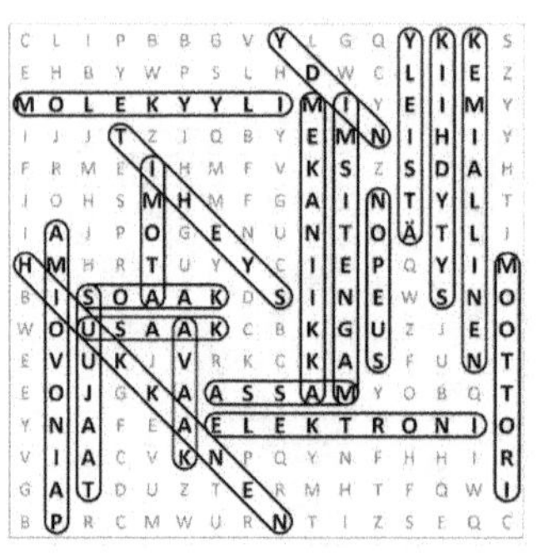

21 - Belleza

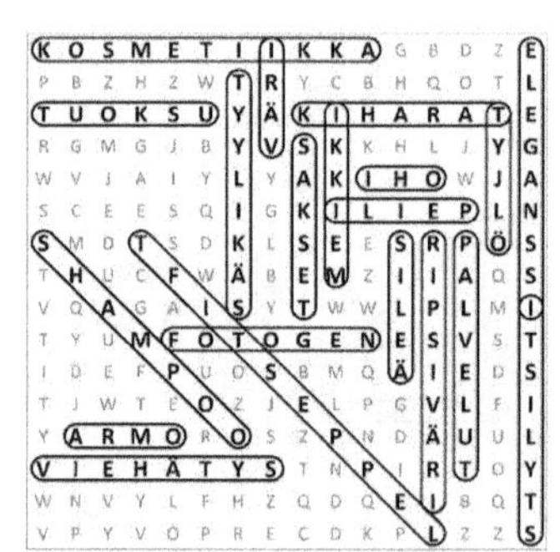

22 - Países #1

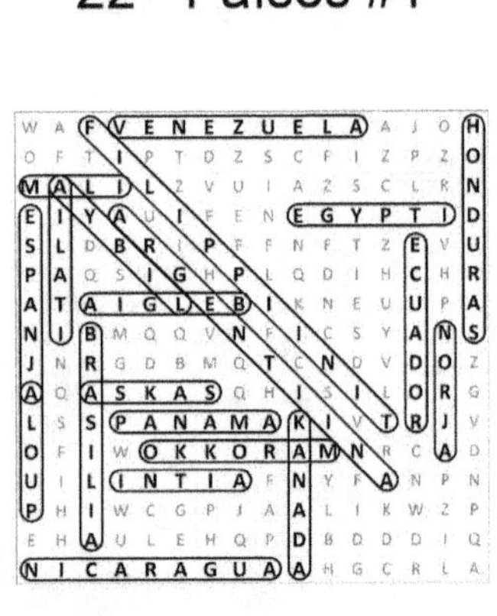

23 - Mitología

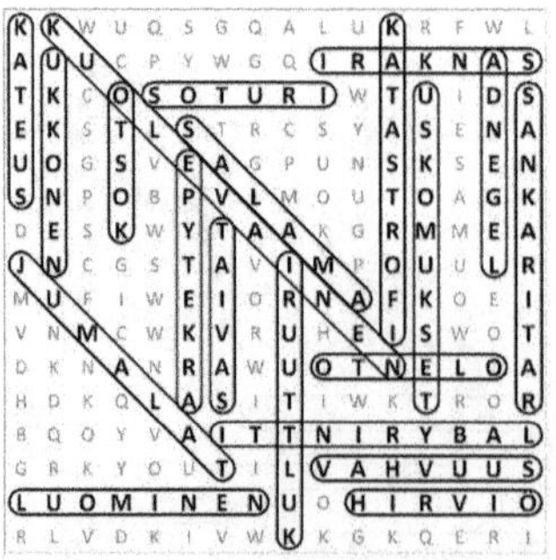

24 - Casa

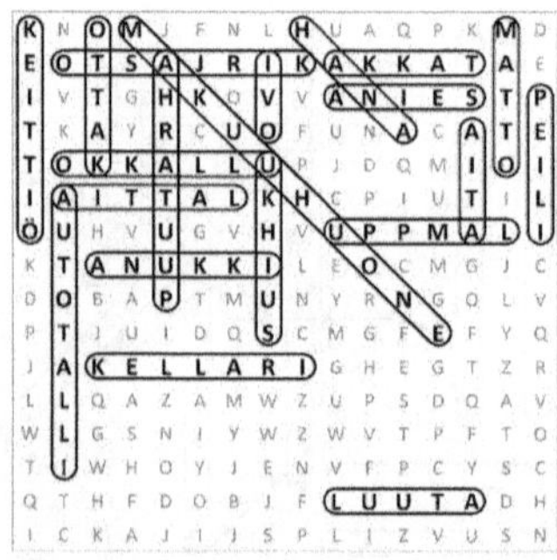

25 - Artes Visuales	26 - Salud y Bienestar #2	27 - Adjetivos #1
28 - Familia	29 - Disciplinas Científicas	30 - Cocina
31 - Moda	32 - Electricidad	33 - Salud y Bienestar #1
34 - Adjetivos #2	35 - Cuerpo Humano	36 - Calentamiento GI

37 - Ciencia

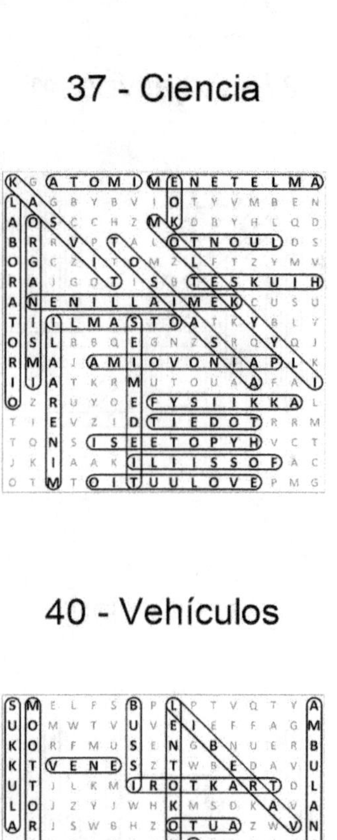

38 - Restaurante #2

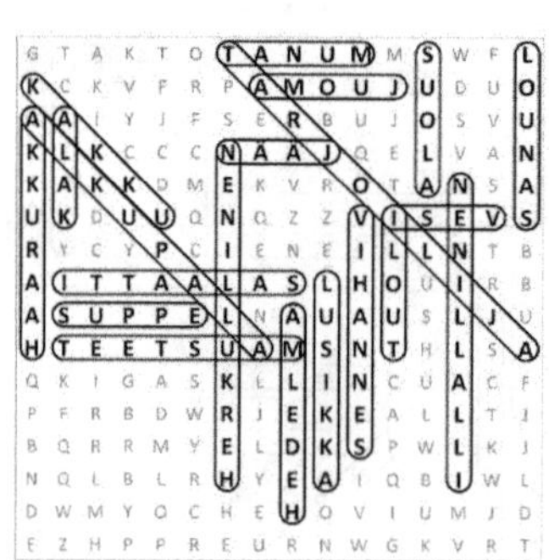

39 - Profesiones #1

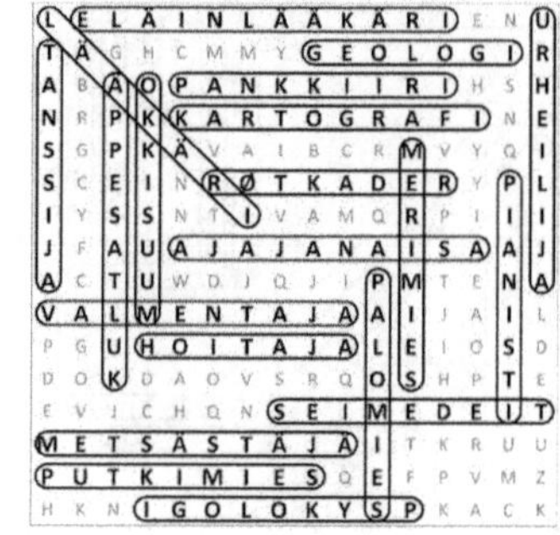

40 - Vehículos

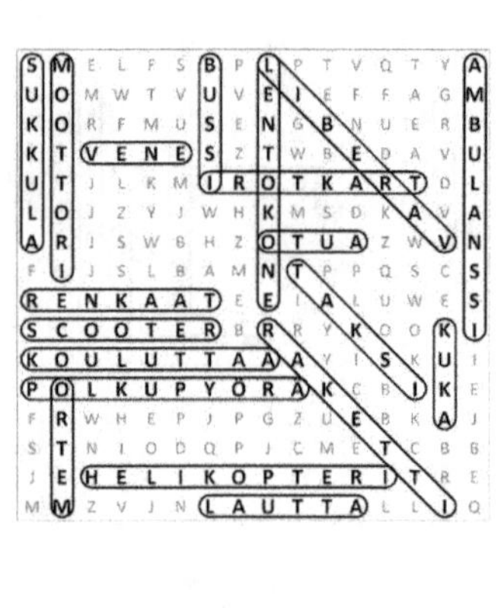

41 - Geometría

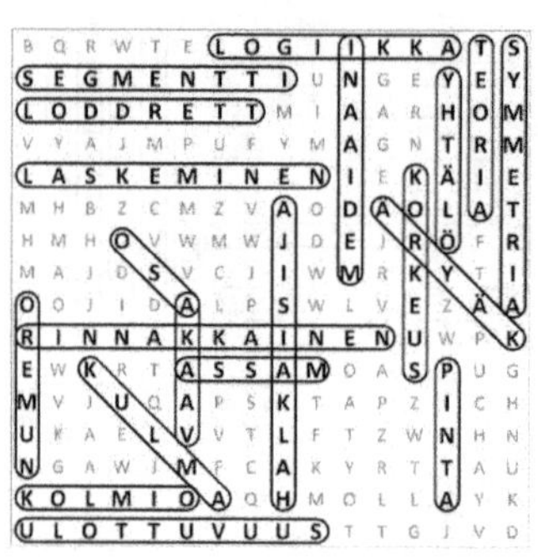

42 - Vacaciones #2

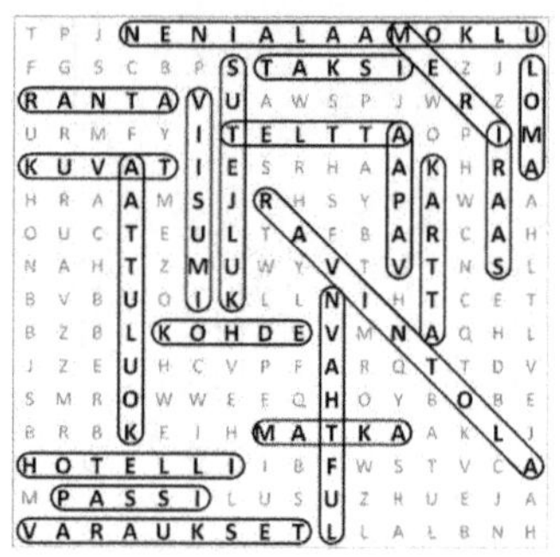

43 - Matemáticas

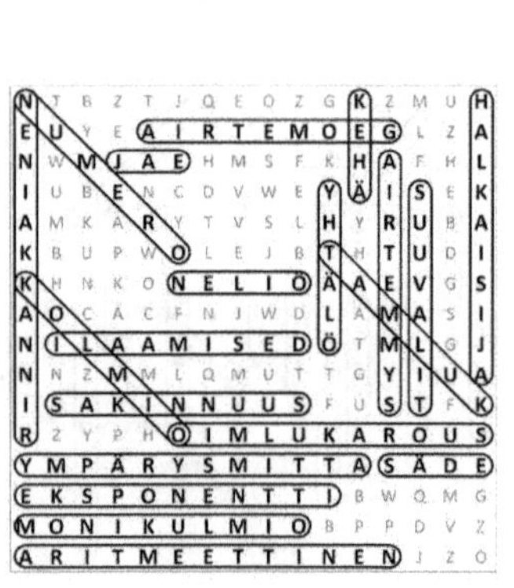

44 - Restaurante #1

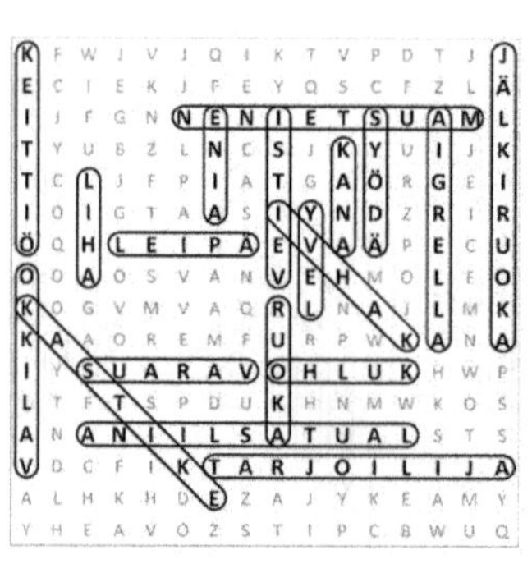

45 - Profesiones #2

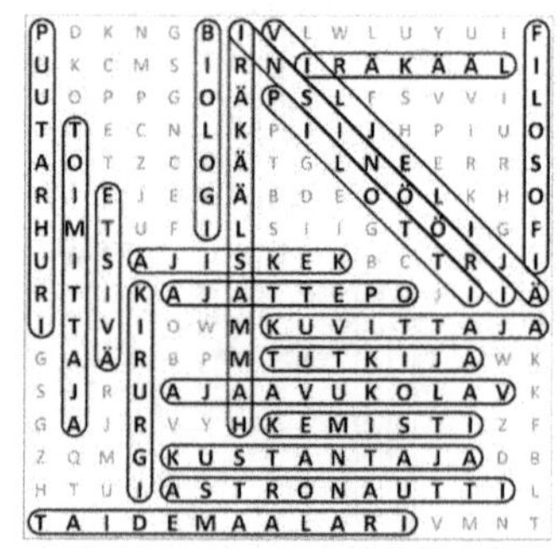

46 - Naturaleza

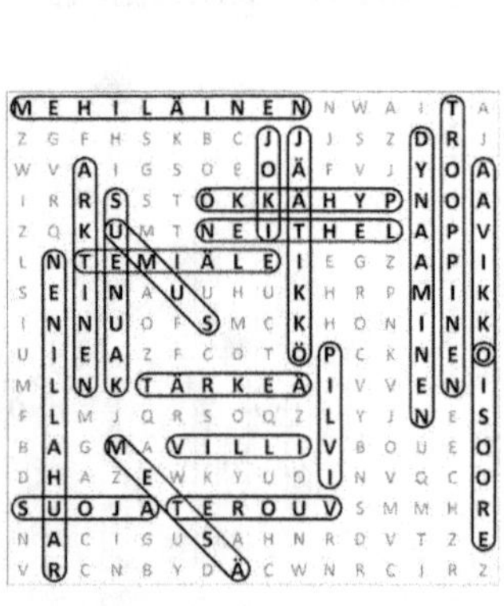

47 - Conduciendo

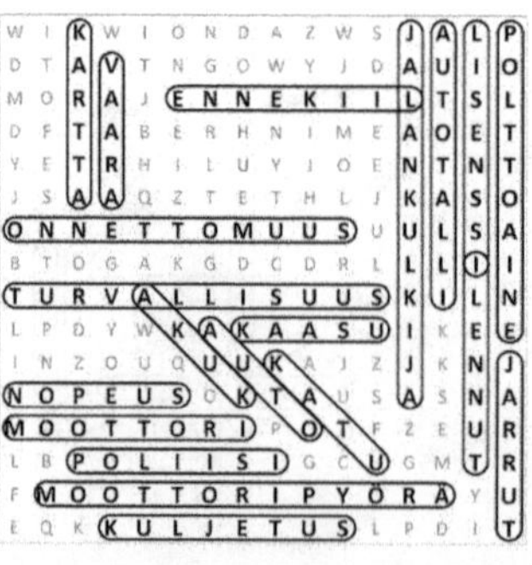

48 - Ballet

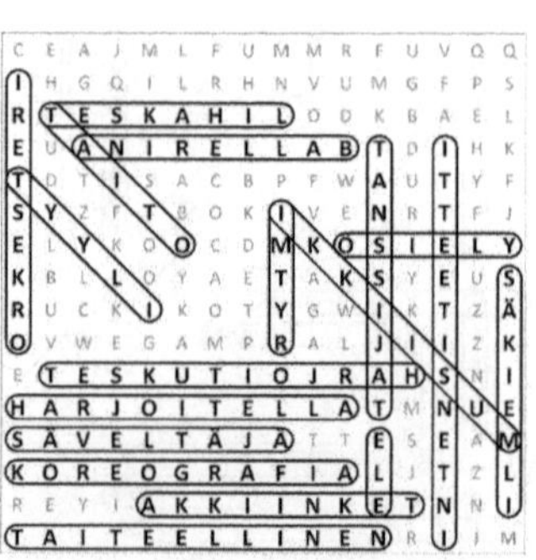

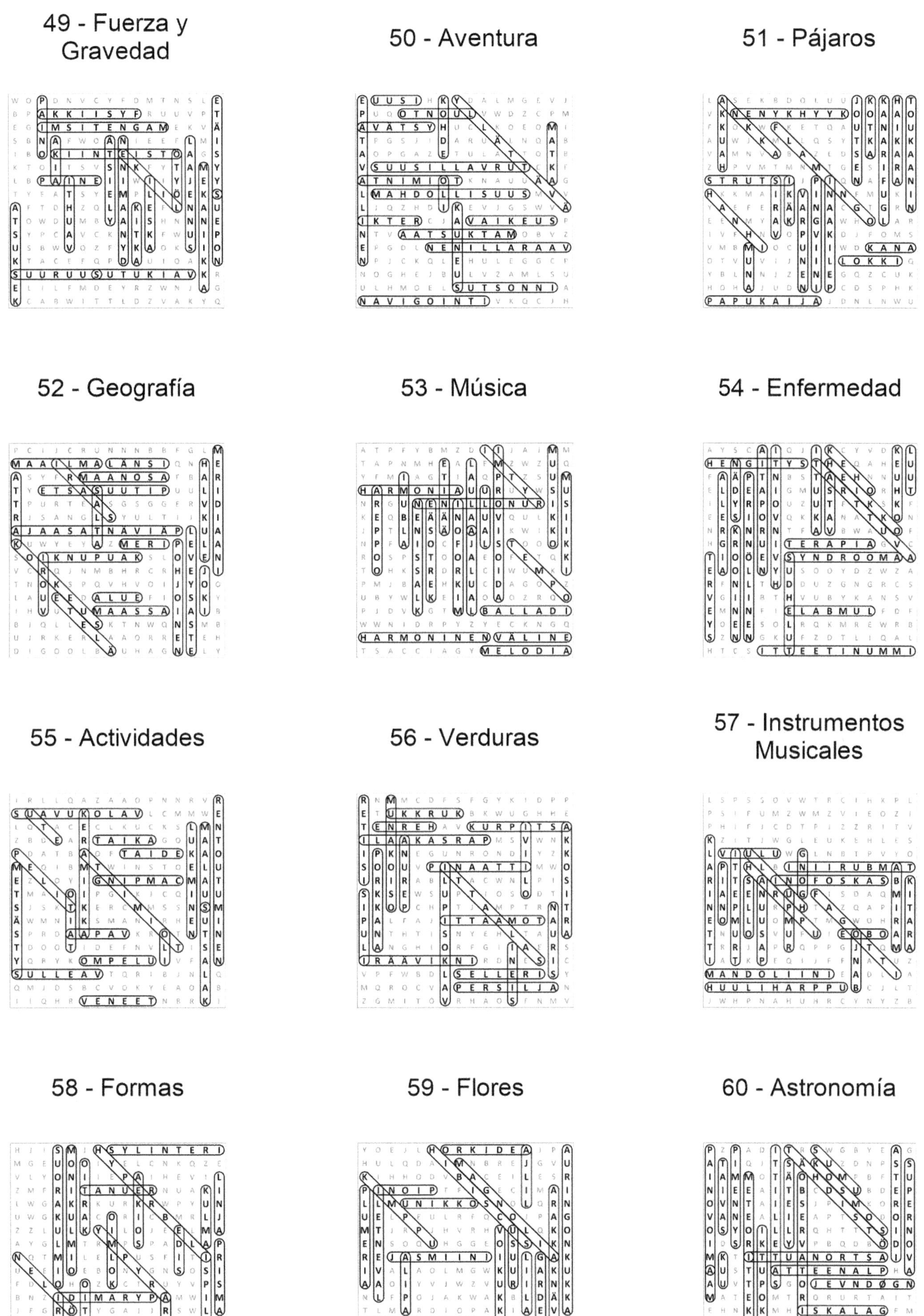

49 - Fuerza y Gravedad
50 - Aventura
51 - Pájaros
52 - Geografía
53 - Música
54 - Enfermedad
55 - Actividades
56 - Verduras
57 - Instrumentos Musicales
58 - Formas
59 - Flores
60 - Astronomía

61 - Tiempo

62 - Paisajes

63 - Días y Meses

64 - Biología

65 - Chocolate

66 - Barbacoas

67 - Ropa

68 - Meditación

69 - Café

70 - Libros

71 - Los Medios de Comunicación

72 - Nutrición

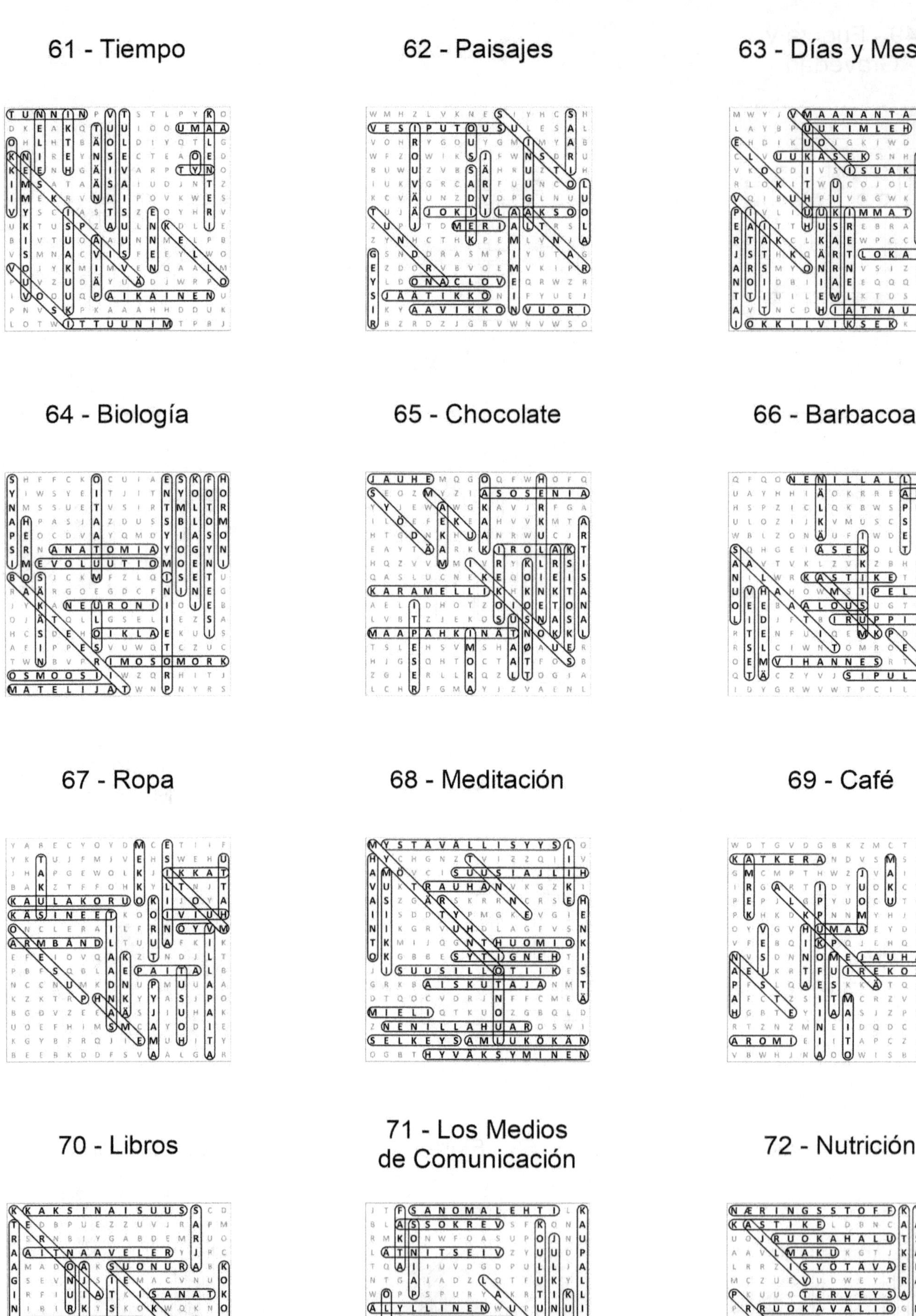

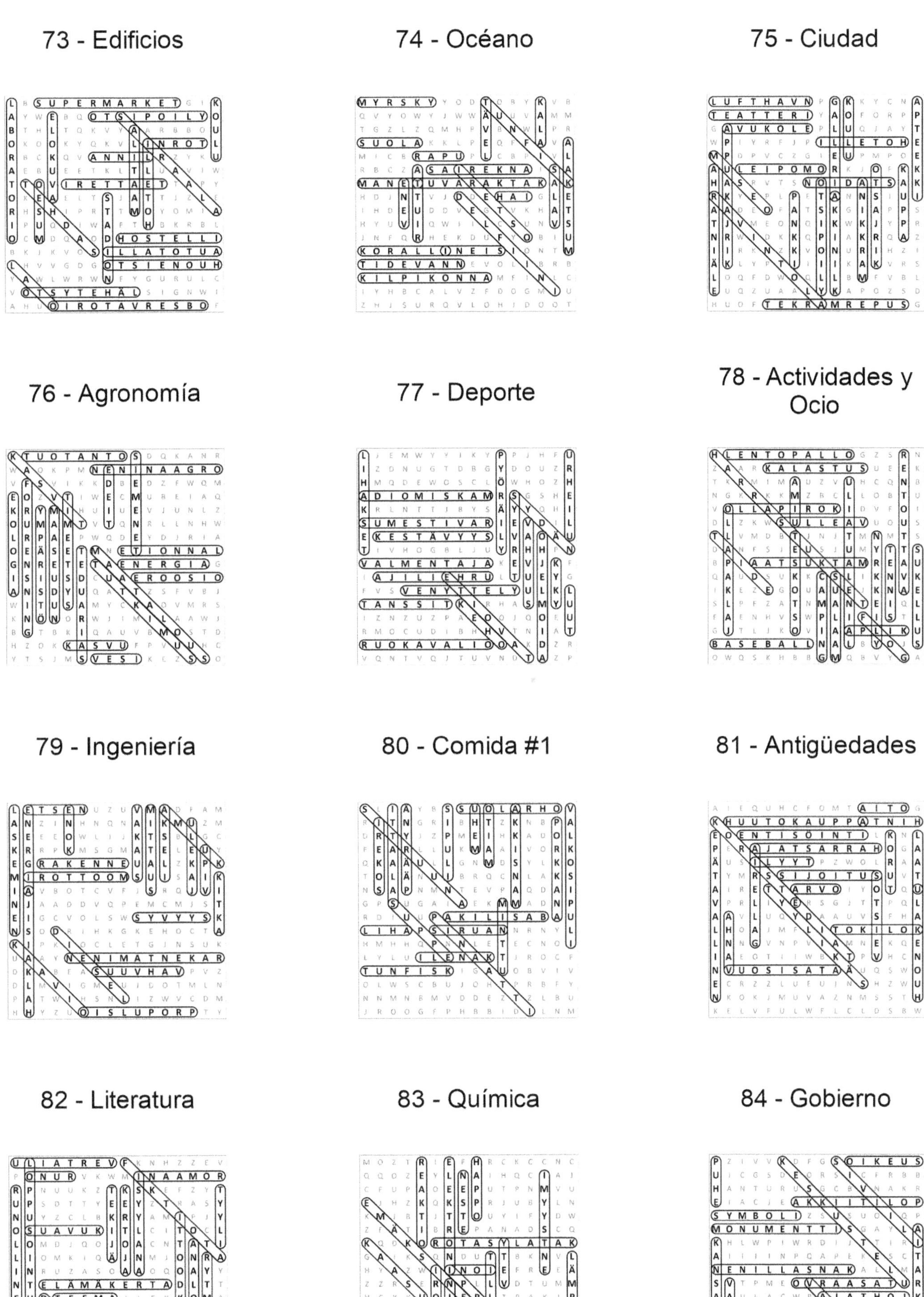

73 - Edificios
74 - Océano
75 - Ciudad
76 - Agronomía
77 - Deporte
78 - Actividades y Ocio
79 - Ingeniería
80 - Comida #1
81 - Antigüedades
82 - Literatura
83 - Química
84 - Gobierno

85 - Creatividad

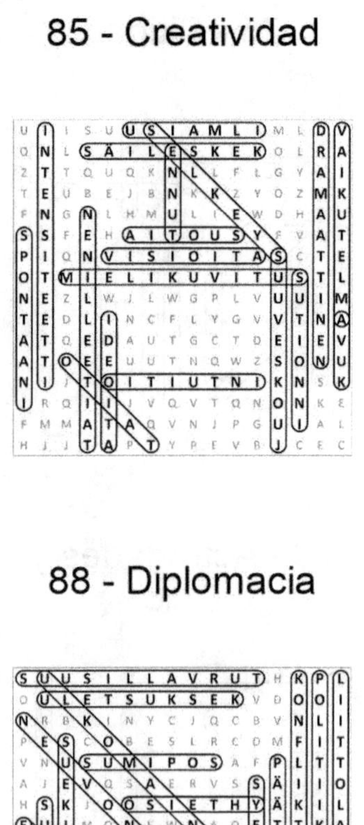

86 - Clima

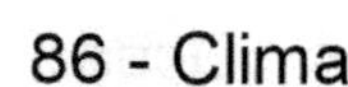
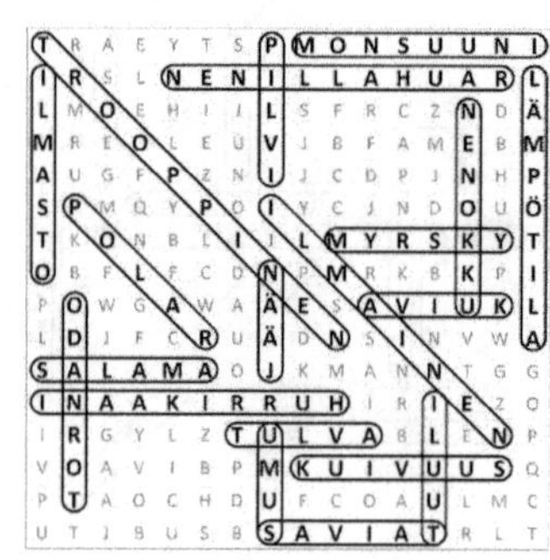

87 - Comida #2

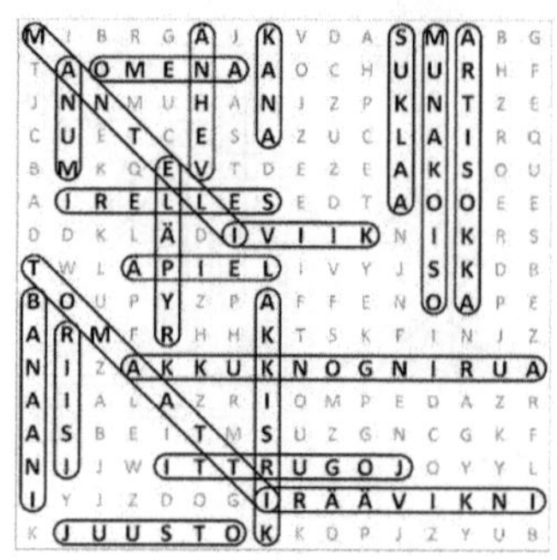

88 - Diplomacia

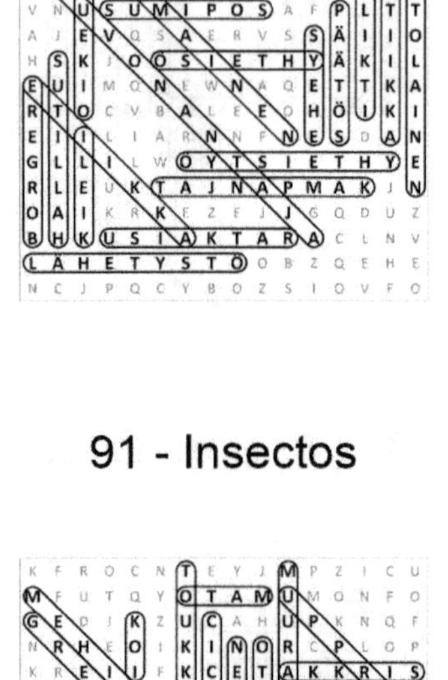

89 - Herboristería

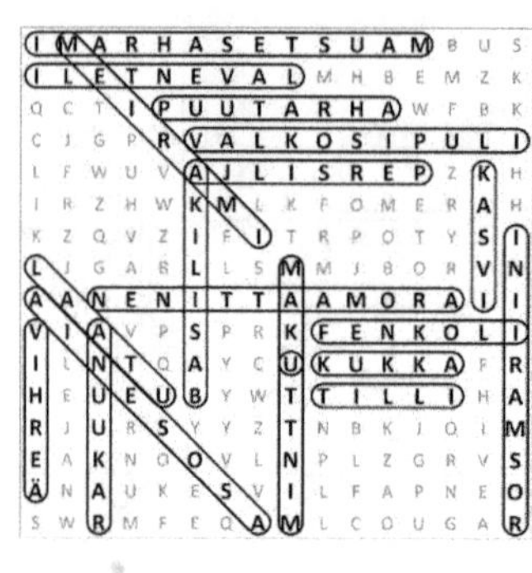

90 - Energía

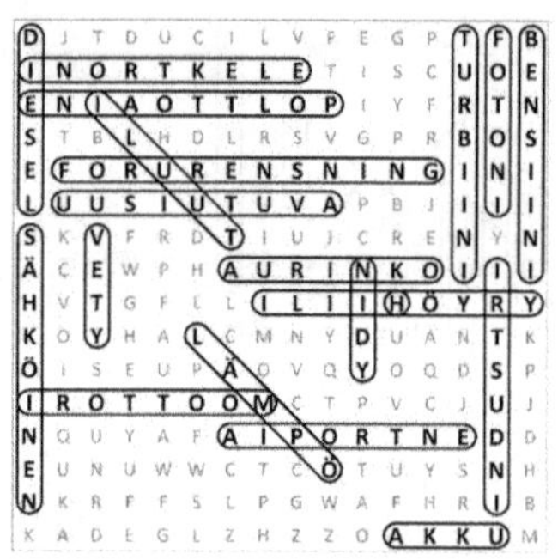

91 - Insectos

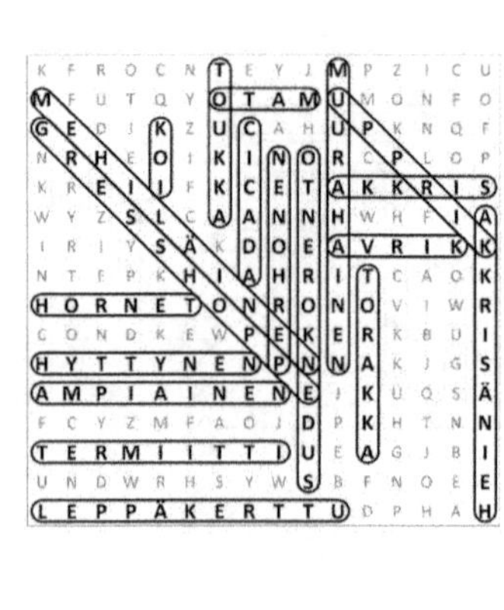

92 - Especias

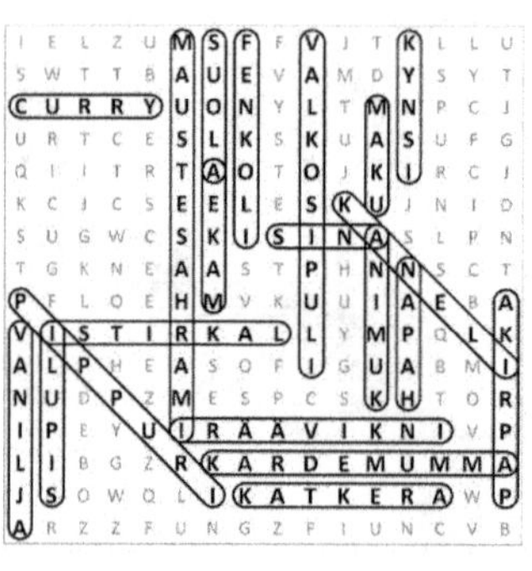

93 - Emociones

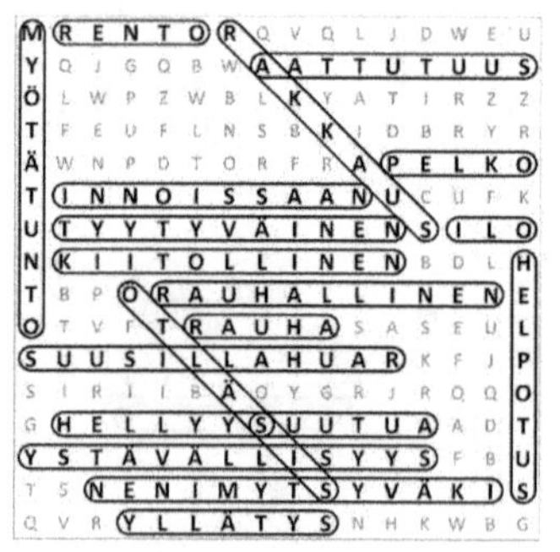

94 - Universo

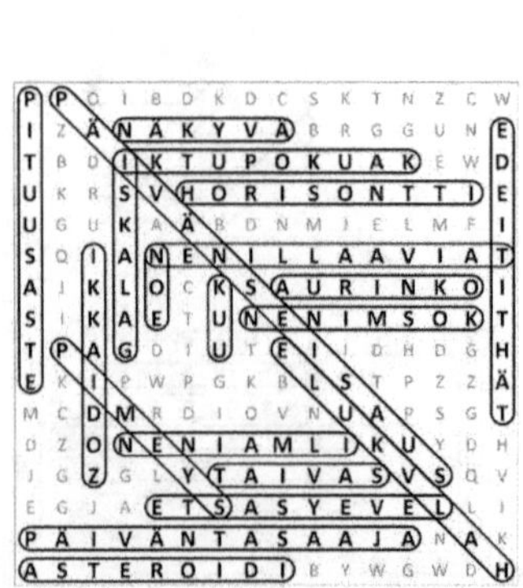

95 - Jazz

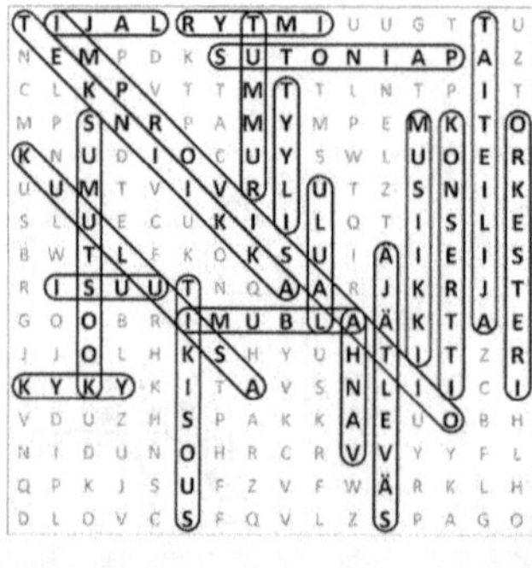

96 - Mediciones

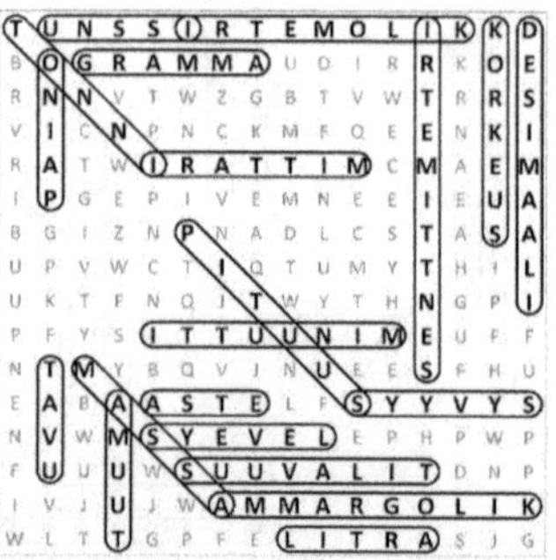

97 - Barcos

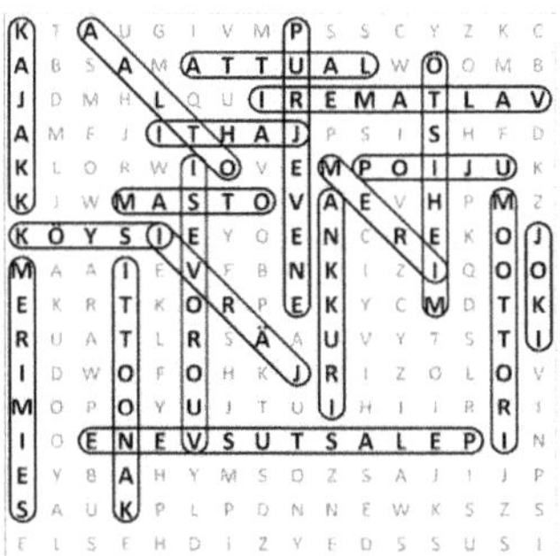

98 - Antártida

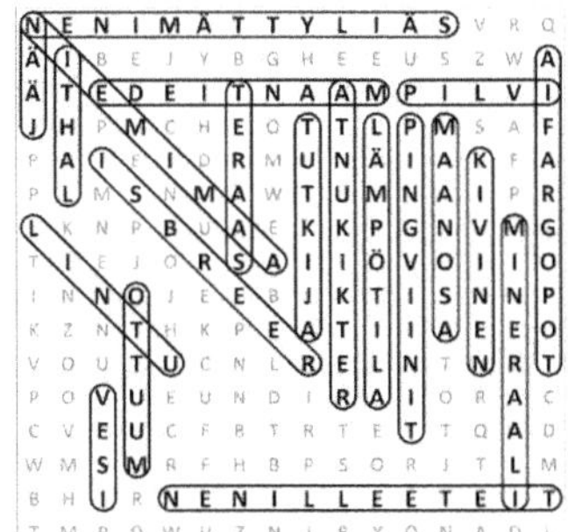

99 - Mamíferos

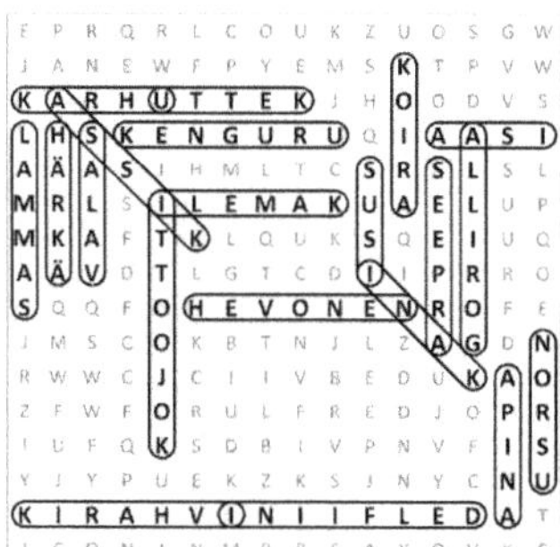

100 - Abejas

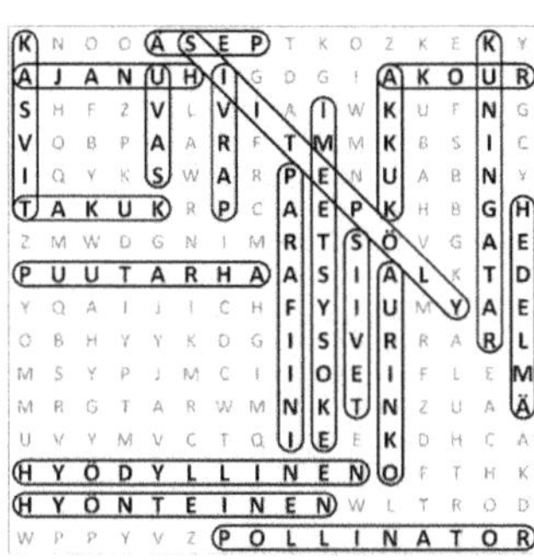

Diccionario

Abejas
Mehiläiset

Alas	Siivet
Beneficioso	Hyödyllinen
Cera	Parafiini
Colmena	Pesä
Comida	Ruoka
Ecosistema	Ekosysteemi
Enjambre	Parvi
Flor	Kukka
Flores	Kukat
Fruta	Hedelmä
Humo	Savu
Insecto	Hyönteinen
Jardín	Puutarha
Miel	Hunaja
Plantas	Kasvit
Polen	Siitepöly
Polinizador	Pollinator
Reina	Kuningatar
Sol	Aurinko

Actividades
Toiminta

Actividad	Toiminta
Arte	Taide
Artesanía	Veneet
Camping	Camping
Caza	Metsästys
Cerámica	Keramiikka
Costura	Ompelu
Fotografía	Valokuvaus
Habilidad	Taito
Intereses	Etu
Juegos	Pelit
Lectura	Lukeminen
Magia	Taika
Ocio	Vapaa
Pesca	Kalastus
Pintura	Maalaus
Placer	Ilo
Relajación	Rentoutuminen
Senderismo	Vaellus

Actividades y Ocio
Toiminta ja Vapaa-Aika

Aficiones	Harrastukset
Arte	Taide
Baloncesto	Koripallo
Béisbol	Baseball
Boxeo	Nyrkkeily
Buceo	Sukellus
Camping	Camping
Carreras	Kilpa
Compras	Ostokset
Fútbol	Jalkapallo
Golf	Golf
Natación	Uima
Pesca	Kalastus
Pintura	Maalaus
Relajante	Rentouttava
Senderismo	Vaellus
Surf	Lainelautailu
Tenis	Tennis
Viaje	Matkustaa
Voleibol	Lentopallo

Adjetivos #1
Adjektiivit #1

Absoluto	Ehdoton
Activo	Aktiivinen
Aromático	Aromaattinen
Atractivo	Viehättävä
Brillante	Kirkas
Enorme	Valtava
Exótico	Eksotisk
Generoso	Antelias
Grande	Suuri
Honesto	Rehellinen
Importante	Tärkeä
Inocente	Viaton
Joven	Nuori
Lento	Hidas
Moderno	Moderni
Oscuro	Tumma
Perfecto	Täydellinen
Pesado	Raskas
Serio	Vakava
Valioso	Arvokas

Adjetivos #2
Adjektiivit #2

Cansado	Väsynyt
Comestible	Syötävä
Creativo	Luova
Descriptivo	Kuvaus
Dramático	Dramaattinen
Dulce	Makea
Elegante	Tyylikäs
Famoso	Kuuluisa
Fresco	Tuore
Fuerte	Vahva
Natural	Luonnollinen
Normal	Normaali
Nuevo	Uusi
Orgulloso	Ylpeä
Picante	Mausteinen
Productivo	Tuottava
Responsable	Vastuullinen
Salado	Suolainen
Saludable	Terve
Seco	Kuiva

Agronomía
Agronomia

Agricultura	Maatalous
Agua	Vesi
Ciencia	Tiede
Contaminación	Forurensning
Crecimiento	Kasvu
Ecología	Ekologia
Energía	Energia
Enfermedades	Sairaudet
Erosión	Eroosio
Estudio	Tutkimus
Fertilizante	Lannoite
Medio Ambiente	Ympäristö
Orgánico	Orgaaninen
Plantas	Kasvit
Producción	Tuotanto
Rural	Maaseudun
Semillas	Siemenet
Sistemas	Systeemit
Sostenible	Kestävä
Verduras	Vihannes

Agua
Vesi

Canal	Kanava
Ducha	Suihku
Evaporación	Haihtuminen
Géiser	Geysir
Helada	Pakkanen
Hielo	Jään
Humedad	Kosteus
Huracán	Hurrikaani
Húmedo	Kostea
Inundación	Tulva
Lago	Järvi
Lluvia	Sade
Monzón	Monsuuni
Nieve	Lumi
Océano	Valtameri
Olas	Aalto
Riego	Kastelu
Río	Joki
Vapor	Höyry

Antártida
Antarktis

Agua	Vesi
Bahía	Lahti
Científico	Tieteellinen
Conservación	Säilyttäminen
Continente	Maanosa
Expedición	Retkikunta
Geografía	Maantiede
Glaciares	Isbreer
Hielo	Jään
Investigador	Tutkija
Islas	Saaret
Migración	Muutto
Minerales	Mineraali
Nubes	Pilvi
Pájaros	Lintu
Península	Niemimaa
Pingüinos	Pingviinit
Rocoso	Kivinen
Temperatura	Lämpötila
Topografía	Topografia

Antigüedades
Antiikki

Arte	Taide
Auténtico	Aito
Calidad	Laatu
Decorativo	Koriste
Elegante	Tyylikäs
Entusiasta	Harrastaja
Escultura	Veistos
Estilo	Tyyli
Galería	Galleria
Inusual	Epätavallinen
Inversión	Sijoitus
Joyas	Korut
Monedas	Kolikot
Mueble	Huonekalu
Precio	Hinta
Restauración	Entisöinti
Siglo	Vuosisata
Subasta	Huutokauppa
Valor	Arvo
Viejo	Vanha

Arqueología
Arkeologia

Análisis	Analyysi
Antigüedad	Antiikin
Civilización	Sivilisaatio
Descendiente	Jälkeläinen
Desconocido	Tuntematon
Equipo	Tiimi
Era	Aikakausi
Evaluación	Arviointi
Experto	Asiantuntija
Fósil	Fossiili
Fragmentos	Fragmentteja
Huesos	Luut
Investigador	Tutkija
Misterio	Mysteeri
Objetos	Objekti
Olvidado	Unohdettu
Profesor	Professori
Reliquia	Jäänne
Templo	Temppeli
Tumba	Hauta

Artes Visuales
Kuvataide

Arcilla	Savi
Arquitectura	Arkkitehtuuri
Artista	Taiteilija
Barniz	Lakka
Caballete	Maalausteline
Cera	Parafiini
Cerámica	Keramiikka
Composición	Koostumus
Creatividad	Luovuus
Escultura	Veistos
Fotografía	Valokuva
Lápiz	Lyijykynä
Obra Maestra	Mestariteos
Película	Elokuva
Perspectiva	Näkökulma
Pintura	Maalaus
Pluma	Kynä
Retrato	Muotokuva
Tiza	Liitu

Astronomía
Tähtitiede

Asteroide	Asteroidi
Astronauta	Astronautti
Cielo	Taivas
Cohete	Raketti
Constelación	Tähdistö
Cosmos	Kosmos
Eclipse	Pimennys
Equinoccio	Jevndøgn
Galaxia	Galaksi
Gravedad	Painovoima
Luna	Kuu
Meteoro	Meteori
Nebulosa	Sumu
Observatorio	Observatorio
Planeta	Planeetta
Radiación	Säteily
Satélite	Satelliitti
Supernova	Supernova
Telescopio	Kaukoputki
Tierra	Maa

Aventura
Seikkailu

Actividad	Toiminta
Alegría	Ilo
Amigos	Ystävä
Belleza	Kauneus
Destino	Kohde
Dificultad	Vaikeus
Entusiasmo	Innostus
Excursión	Retki
Inusual	Epätavallinen
Itinerario	Matka
Naturaleza	Luonto
Navegación	Navigointi
Nuevo	Uusi
Oportunidad	Mahdollisuus
Peligroso	Vaarallinen
Seguridad	Turvallisuus
Sorprendente	Yllättävä
Viajes	Matkustaa

Aviones
Lentokone

Aire	Ilma
Altura	Korkeus
Aterrizaje	Lasku
Atmósfera	Ilmainen
Aventura	Seikkailu
Cielo	Taivas
Combustible	Polttoaine
Construcción	Rakentaminen
Dirección	Suunta
Diseño	Utforming
Globo	Ilmapallo
Hélices	Potkuri
Hidrógeno	Vety
Historia	Historia
Motor	Moottori
Navegar	Navigoida
Pasajero	Matkustaja
Piloto	Pilotti
Tripulación	Miehistö
Turbulencia	Turbulenssi

Álgebra
Algebra

Cantidad	Määrä
Cero	Nolla
Diagrama	Kaavio
División	Jako
Ecuación	Yhtälö
Exponente	Eksponentti
Factor	Tekijä
Falso	Väärä
Fórmula	Kaava
Fracción	Jae
Infinito	Ääretön
Lineal	Lineaarinen
Matriz	Matriisi
Número	Numero
Paréntesis	Parentes
Problema	Ongelma
Resolver	Ratkaista
Resta	Vähennys
Solución	Ratkaisu
Variable	Muuttuja

Ballet
Baletti

Artístico	Taiteellinen
Audiencia	Yleisö
Bailarina	Ballerina
Bailarines	Tanssijat
Compositor	Säveltäjä
Coreografía	Koreografia
Ensayo	Harjoitukset
Estilo	Tyyli
Expresivo	Ilmeikäs
Gesto	Ele
Habilidad	Taito
Intensidad	Intensiteetti
Músculos	Lihakset
Música	Musiikki
Orquesta	Orkesteri
Práctica	Harjoitella
Ritmo	Rytmi
Técnica	Tekniikka

Barbacoas
Grilli

Almuerzo	Lounas
Caliente	Kuuma
Cebollas	Sipuli
Cena	Illallinen
Cuchillos	Veitset
Ensaladas	Salaatit
Familia	Perhe
Fruta	Hedelmä
Hambre	Nälkä
Juegos	Pelit
Música	Musiikki
Niños	Lapset
Parrilla	Grilli
Pimienta	Pippuri
Pollo	Kana
Sal	Suola
Salsa	Kastike
Tomates	Tomaatit
Verano	Kesä
Verduras	Vihannes

Barcos
Veneitä

Ancla	Ankkuri
Balsa	Lautta
Bote Salvavidas	Pelastusvene
Boya	Poiju
Canoa	Kanootti
Cuerda	Köysi
Kayak	Kajakk
Lago	Järvi
Mar	Meri
Marea	Vuorovesi
Marinero	Merimies
Mástil	Masto
Motor	Moottori
Océano	Valtameri
Olas	Aalto
Río	Joki
Tripulación	Miehistö
Velero	Purjevene
Yate	Jahti

Belleza
Kauneus

Aceites	Öljyt
Champú	Shampoo
Color	Väri
Cosméticos	Kosmetiikka
Elegancia	Eleganssi
Elegante	Tyylikäs
Encanto	Viehätys
Espejo	Peili
Estilista	Stylisti
Fotogénico	Fotogen
Fragancia	Tuoksu
Gracia	Armo
Maquillaje	Meikki
Piel	Iho
Pintalabios	Leppestift
Rizos	Kiharat
Rímel	Ripsiväri
Servicios	Palvelut
Suave	Sileä
Tijeras	Sakset

Biología
Biologia

Anatomía	Anatomia
Bacterias	Bakteerit
Celda	Solu
Colágeno	Kollageeni
Cromosoma	Kromosomi
Embrión	Alkio
Enzima	Entsyymi
Evolución	Evoluutio
Fotosíntesis	Fotosynteesi
Hormona	Hormoni
Mamífero	Nisäkäs
Mutación	Mutaatio
Natural	Luonnollinen
Nervio	Hermo
Neurona	Neuroni
Ósmosis	Osmoosi
Proteína	Proteiini
Reptil	Matelija
Simbiosis	Symbioosi
Sinapsis	Synapsi

Café
Kahvi

Agua	Vesi
Amargo	Katkera
Aroma	Aromi
Azúcar	Sokeri
Ácido	Hapan
Bebida	Juoma
Cafeína	Kofeiinia
Crema	Kerma
Filtro	Suodattaa
Leche	Maito
Líquido	Neste
Mañana	Aamu
Moler	Jauhaa
Negro	Musta
Origen	Alkuperä
Precio	Hinta
Sabor	Maku
Taza	Kuppi

Calentamiento Global
Maapallon Lämpeneminen

Ahora	Nyt
Ambiental	Ympäristö
Atención	Huomio
Ártico	Arktinen
Científico	Tiedemies
Clima	Ilmasto
Crisis	Kriisi
Datos	Tiedot
Desarrollo	Kehitys
Energía	Energia
Futuro	Tulevaisuus
Gas	Kaasu
Generaciones	Sukupolvi
Gobierno	Hallitus
Industria	Industri
Legislación	Lainsäädäntö
Poblaciones	Väestö
Significativo	Merkittävä
Temperaturas	Lämpötilat

Camping
Telttailu

Animales	Eläimet
Aventura	Seikkailu
Árboles	Puu
Bosque	Metsä
Brújula	Kompassi
Cabina	Mökki
Canoa	Kanootti
Caza	Metsästys
Cuerda	Köysi
Equipo	Laitteet
Fuego	Antaa Potkut
Hamaca	Riippumatto
Insecto	Hyönteinen
Lago	Järvi
Linterna	Lyhty
Luna	Kuu
Mapa	Kartta
Montaña	Vuori
Naturaleza	Luonto
Sombrero	Hattu

Casa
Talo

Alfombra	Matto
Ático	Ullakko
Biblioteca	Kirjasto
Chimenea	Takka
Cocina	Keittiö
Dormitorio	Makuuhuone
Ducha	Suihku
Escoba	Luuta
Espejo	Peili
Garaje	Autotalli
Grifo	Hana
Jardín	Puutarha
Lámpara	Lamppu
Pared	Seinä
Piso	Lattia
Puerta	Ovi
Sótano	Kellari
Techo	Katto
Valla	Aita
Ventana	Ikkuna

Chocolate
Suklaa

Amargo	Katkera
Aroma	Aromi
Artesanal	Artisanal
Azúcar	Sokeri
Cacahuetes	Maapähkinät
Cacao	Kaakao
Calidad	Laatu
Calorías	Kalori
Caramelo	Karamelli
Coco	Kokosnøtt
Comer	Syödä
Delicioso	Herkullinen
Dulce	Makea
Exótico	Eksotisk
Favorito	Suosikki
Gusto	Maku
Ingrediente	Ainesosa
Polvo	Jauhe
Receta	Resepti

Ciencia
Tiede

Átomo	Atomi
Científico	Tiedemies
Clima	Ilmasto
Datos	Tiedot
Evolución	Evoluutio
Experimento	Koe
Física	Fysiikka
Fósil	Fossiili
Gravedad	Painovoima
Hecho	Tosiasia
Hipótesis	Hypoteesi
Laboratorio	Laboratorio
Método	Menetelmä
Minerales	Mineraali
Moléculas	Molekyyli
Naturaleza	Luonto
Organismo	Organismi
Partículas	Hiukset
Plantas	Kasvit
Químico	Kemiallinen

Ciencia Ficción
Tieteiskirjallisuus

Cine	Elokuva
Distante	Kaukainen
Escenario	Skenaario
Explosión	Räjähdys
Extremo	Äärimmäinen
Fantástico	Fantastinen
Fuego	Antaa Potkut
Futurista	Futuristinen
Galaxia	Galaksi
Ilusión	Illuusio
Libros	Kirjat
Misterioso	Salaperäinen
Mundo	Maailma
Novelas	Romaaneja
Oráculo	Oraakkeli
Planeta	Planeetta
Realista	Realistinen
Robots	Robotti
Tecnología	Teknologia
Utopía	Utopia

Ciudad
Kaupunki

Aeropuerto	Lufthavn
Banco	Pankki
Biblioteca	Kirjasto
Cine	Elokuva
Clínica	Klinikka
Escuela	Koulu
Estadio	Stadion
Farmacia	Apteekki
Galería	Galleria
Hotel	Hotelli
Librería	Kirjakauppa
Mercado	Markkina
Museo	Museo
Panadería	Leipomo
Restaurante	Ravintola
Supermercado	Supermarket
Teatro	Teatteri
Tienda	Kauppa
Universidad	Yliopisto
Zoo	Eläintarha

Clima
Sää

Atmósfera	Ilmainen
Calma	Rauhallinen
Cielo	Taivas
Clima	Ilmasto
Hielo	Jään
Huracán	Hurrikaani
Inundación	Tulva
Monzón	Monsuuni
Niebla	Sumu
Nube	Pilvi
Polar	Polar
Rayo	Salama
Seco	Kuiva
Sequía	Kuivuus
Temperatura	Lämpötila
Tormenta	Myrsky
Tornado	Tornado
Tropical	Trooppinen
Trueno	Ukkonen
Viento	Tuuli

Cocina
Keittiö

Caldera	Kattila
Comer	Syödä
Comida	Ruoka
Congelador	Pakastin
Cucharas	Lusikat
Cucharón	Kauha
Cuchillos	Veitset
Delantal	Esiliina
Especias	Mausteet
Esponja	Sieni
Horno	Uuni
Jarra	Kannu
Palillos	Syömäpuikot
Parrilla	Grilli
Receta	Resepti
Refrigerador	Jääkaappi
Servilleta	Lautasliina
Tazas	Kupit
Tazón	Kulho
Tenedores	Gafler

Comida #1
Ruoka #1

Ajo	Valkosipuli
Albahaca	Basilika
Atún	Tunfisk
Azúcar	Sokeri
Canela	Kaneli
Carne	Liha
Cebada	Ohra
Cebolla	Sipuli
Ensalada	Salaatti
Espinacas	Pinaatti
Fresa	Mansikka
Jugo	Mehu
Leche	Maito
Limón	Sitruuna
Menta	Minttu
Nabo	Nauris
Pera	Päärynä
Sal	Suola
Sopa	Suppe
Zanahoria	Porkkana

Comida #2
Ruoka #2

Alcachofa	Artisokka
Almendra	Manteli
Apio	Selleri
Arroz	Riisi
Berenjena	Munakoiso
Cereza	Kirsikka
Chocolate	Suklaa
Girasol	Auringonkukka
Huevo	Muna
Jengibre	Inkivääri
Kiwi	Kiivi
Manzana	Omena
Pan	Leipä
Plátano	Banaani
Pollo	Kana
Queso	Juusto
Tomate	Tomaatti
Trigo	Vehnä
Uva	Rypäle
Yogur	Jogurtti

Conduciendo
Ajo

Accidente	Onnettomuus
Calle	Katu
Camión	Kuka
Coche	Auto
Combustible	Polttoaine
Frenos	Jarrut
Garaje	Autotalli
Gas	Kaasu
Licencia	Lisenssi
Mapa	Kartta
Motocicleta	Moottoripyörä
Motor	Moottori
Peatonal	Jalankulkija
Peligro	Vaara
Policía	Poliisi
Seguridad	Turvallisuus
Transporte	Kuljetus
Tráfico	Liikenne
Túnel	Tunneli
Velocidad	Nopeus

Creatividad
Luovuus

Artístico	Taiteellinen
Autenticidad	Aitous
Claridad	Selkeys
Dramático	Dramaattinen
Espontáneo	Spontaani
Expresión	Ilmaisu
Fluidez	Juoksevuus
Habilidad	Taito
Ideas	Ideoita
Imagen	Kuva
Imaginación	Mielikuvitus
Impresión	Vaikutelma
Inspiración	Innoitus
Intensidad	Intensiteetti
Intuición	Intuitio
Inventivo	Kekseliäs
Sensación	Tunne
Visiones	Visioita
Vitalidad	Elinvoima

Cuerpo Humano
Ihmiskehon

Barbilla	Leuka
Boca	Suu
Cabeza	Pää
Cara	Kasvot
Cerebro	Aivot
Codo	Kyynärpää
Corazón	Sydän
Cuello	Kaula
Dedo	Sormi
Hombro	Olkapää
Lengua	Kieli
Mano	Käsi
Nariz	Nenä
Ojo	Silmä
Oreja	Korva
Piel	Iho
Pierna	Jalka
Rodilla	Polvi
Sangre	Veri
Tobillo	Nilkka

Deporte
Urheilu

Atleta	Urheilija
Baile	Tanssit
Capacidad	Kyky
Cardiovascular	Sydän
Ciclismo	Pyöräily
Cuerpo	Keho
Deportes	Urheilu
Dieta	Ruokavalio
Entrenador	Valmentaja
Estiramiento	Venyttely
Fuerza	Vahvuus
Huesos	Luut
Maximizar	Maksimoida
Meta	Tavoite
Músculos	Lihakset
Nutrición	Ravitsemus
Programa	Ohjelmoida
Resistencia	Kestävyys
Salud	Terveys

Diplomacia
Diplomatia

Aliado	Liittolainen
Asesor	Neuvonantaja
Campañas	Kampanjat
Ciudadanos	Borgere
Comunidad	Yhteisö
Conflicto	Konflikti
Cooperación	Yhteistyö
Discusión	Keskustelu
Embajada	Lähetystö
Extranjero	Ulkomainen
Ética	Etiikka
Gobierno	Hallitus
Idiomas	Kieli
Integridad	Eheys
Justicia	Oikeus
Política	Politiikka
Resolución	Päätös
Seguridad	Turvallisuus
Solución	Ratkaisu
Tratado	Sopimus

Disciplinas Científicas
Tieteelliset Alat

Anatomía	Anatomia
Arqueología	Arkeologia
Astronomía	Tähtitiede
Biología	Biologia
Bioquímica	Biokemia
Botánica	Kasvitiede
Ecología	Ekologia
Fisiología	Fysiologia
Geología	Geologia
Inmunología	Immunologia
Lingüística	Kielitiede
Mecánica	Mekaniikka
Meteorología	Meteorologia
Mineralogía	Mineralogia
Neurología	Neurologia
Nutrición	Ravitsemus
Psicología	Psykologia
Química	Kemia
Sociología	Sosiologia
Zoología	Eläintiede

Días y Meses
Päivät ja Kuukaudet

Abril	Huhtikuu
Agosto	Elokuu
Año	Vuosi
Calendario	Kalenteri
Domingo	Sunnuntai
Enero	Tammikuu
Febrero	Helmikuu
Jueves	Torstai
Julio	Heinäkuu
Junio	Kesäkuu
Lunes	Maanantai
Martes	Tiistai
Mes	Kuukausi
Miércoles	Keskiviikko
Noviembre	Marraskuu
Octubre	Lokakuu
Sábado	Lauantai
Semana	Viikko
Septiembre	Syyskuu
Viernes	Perjantai

Edificios
Rakennukset

Albergue	Hostelli
Apartamento	Huoneisto
Castillo	Linna
Cine	Elokuva
Embajada	Lähetystö
Escuela	Koulu
Estadio	Stadion
Fábrica	Tehdas
Garaje	Autotalli
Granero	Lato
Granja	Maatila
Hospital	Sairaala
Hotel	Hotelli
Laboratorio	Laboratorio
Museo	Museo
Observatorio	Observatorio
Supermercado	Supermarket
Teatro	Teatteri
Torre	Torni
Universidad	Yliopisto

Electricidad
Sähköt

Almacenamiento	Varastointi
Batería	Akku
Cable	Kaapeli
Cables	Johdot
Cantidad	Määrä
Electricista	Sähköasentaja
Eléctrico	Sähköinen
Enchufe	Pistorasia
Equipo	Laitteet
Generador	Generaattori
Imán	Magneetti
Lámpara	Lamppu
Láser	Laser
Negativo	Negatiivinen
Objetos	Objekti
Positivo	Positiivinen
Red	Verkko
Televisión	Televisio
Teléfono	Puhelin

Emociones
Tunteita

Aburrimiento	Ikävystyminen
Agradecido	Kiitollinen
Alegría	Ilo
Alivio	Helpotus
Amor	Rakkaus
Beatitud	Autuus
Bondad	Ystävällisyys
Calma	Rauhallinen
Contenido	Sisältö
Emocionado	Innoissaan
Ira	Suututtaa
Miedo	Pelko
Paz	Rauha
Relajado	Rento
Satisfecho	Tyytyväinen
Simpatía	Myötätunto
Sorpresa	Yllätys
Ternura	Hellyys
Tranquilidad	Rauhallisuus
Tristeza	Surullisuus

Energía
Energiaa

Batería	Akku
Calor	Lämpö
Carbono	Hiili
Combustible	Polttoaine
Contaminación	Forurensning
Diesel	Diesel
Electrón	Elektroni
Eléctrico	Sähköinen
Entropía	Entropia
Fotón	Fotoni
Gasolina	Bensiini
Hidrógeno	Vety
Industria	Industri
Motor	Moottori
Nuclear	Ydin
Renovable	Uusiutuva
Sol	Aurinko
Turbina	Turbiini
Vapor	Höyry
Viento	Tuuli

Enfermedad
Sairaus

Abdominal	Vatsa
Agudo	Akuutti
Alergias	Allergia
Bienestar	Hyvinvointi
Contagioso	Tarttuva
Corazón	Sydän
Crónica	Krooninen
Cuerpo	Keho
Débil	Heikko
Hereditario	Perinnöllinen
Huesos	Luut
Inflamación	Tulehdus
Inmunidad	Immuniteetti
Lumbar	Lumbale
Neuropatía	Neuropatia
Pulmonar	Keuhko
Respiratorio	Hengitys
Salud	Terveys
Síndrome	Syndrooma
Terapia	Terapia

Especias
Mausteita

Agrio	Hapan
Ajo	Valkosipuli
Amargo	Katkera
Anís	Anis
Azafrán	Maustesahrami
Canela	Kaneli
Cardamomo	Kardemumma
Cebolla	Sipuli
Clavo	Kynsi
Comino	Kumina
Curry	Curry
Dulce	Makea
Hinojo	Fenkoli
Jengibre	Inkivääri
Pimentón	Paprika
Pimienta	Pippuri
Regaliz	Lakritsi
Sabor	Maku
Sal	Suola
Vainilla	Vanilja

Familia
Perhe

Abuela	Isoäiti
Abuelo	Isoisä
Antepasado	Stamfar
Esposa	Vaimo
Hermana	Sisko
Hermano	Veli
Hija	Tytär
Infancia	Lapsuus
Madre	Äiti
Marido	Mies
Materno	Äidin
Nieto	Pojanpoika
Niño	Lapsi
Niños	Lapset
Padre	Isä
Primo	Serkku
Sobrina	Veljentytär
Sobrino	Veljenpoika
Tía	Täti
Tío	Setä

Física
Fysiikka

Aceleración	Kiihdytys
Átomo	Atomi
Caos	Kaaos
Densidad	Tiheys
Electrón	Elektroni
Fórmula	Kaava
Frecuencia	Taajuus
Gas	Kaasu
Gravedad	Painovoima
Magnetismo	Magnetismi
Masa	Massa
Mecánica	Mekaniikka
Molécula	Molekyyli
Motor	Moottori
Nuclear	Ydin
Partícula	Hiukkanen
Químico	Kemiallinen
Relatividad	Suhteellisuus
Universal	Yleistä
Velocidad	Nopeus

Flores
Kukkia

Amapola	Unikko
Diente de León	Voikukka
Gardenia	Gardenia
Girasol	Auringonkukka
Hibisco	Hibiscus
Jazmín	Jasmiini
Lavanda	Laventeli
Lila	Liila
Lirio	Lilja
Magnolia	Magnolia
Margarita	Päivänkakkara
Orquídea	Orkidea
Peonía	Pioni
Pétalo	Terälehti
Plumeria	Plumeria
Ramo	Kimppu
Rosa	Ruusu
Trébol	Apila
Tulipán	Tulppaani

Formas
Muodot

Arco	Kaari
Bordes	Reunat
Cilindro	Sylinteri
Círculo	Ympyrä
Cono	Kartio
Cuadrado	Neliö
Cubo	Kuutio
Curva	Käyrä
Elipse	Ellipsi
Esquina	Kulma
Hipérbola	Hyperbeli
Lado	Side
Línea	Linja
Oval	Soikea
Pirámide	Pyramidi
Polígono	Monikulmio
Prisma	Prisma
Rectángulo	Suorakulmio
Triángulo	Kolmio

Fruta
Hedelmä

Aguacate	Avokado
Albaricoque	Aprikoosi
Baya	Marja
Cereza	Kirsikka
Ciruela	Luumu
Coco	Kokosnøtt
Frambuesa	Vadelma
Guayaba	Guava
Kiwi	Kiivi
Limón	Sitruuna
Mango	Mango
Manzana	Omena
Melocotón	Persikka
Melón	Meloni
Naranja	Oranssi
Nectarina	Nektariini
Pera	Päärynä
Piña	Ananas
Plátano	Banaani
Uva	Rypäle

Fuerza y Gravedad
Voima ja Painovoima

Centro	Keskusta
Descubrimiento	Löytö
Dinámico	Dynaaminen
Distancia	Etäisyys
Eje	Akseli
Expansión	Laajennus
Física	Fysiikka
Fricción	Kitka
Impacto	Vaikutus
Impulso	Vauhti
Magnetismo	Magnetismi
Magnitud	Suuruus
Mecánica	Mekaniikka
Movimiento	Liike
Peso	Paino
Presión	Paine
Propiedades	Kiinteistö
Tiempo	Aika
Universal	Yleistä
Velocidad	Nopeus

Geografía
Maantiede

Altitud	Korkeus
Atlas	Atlas
Ciudad	Kaupunki
Continente	Maanosa
Ecuador	Päiväntasaaja
Hemisferio	Halvkule
Isla	Saari
Latitud	Leveysaste
Longitud	Pituusaste
Mapa	Kartta
Mar	Meri
Meridiano	Meridiaani
Montaña	Vuori
Mundo	Maailma
Norte	Pohjoinen
Oeste	Länsi
País	Maassa
Río	Joki
Sur	Etelä
Territorio	Alue

Geología
Geologia

Ácido	Happo
Calcio	Kalsium
Capa	Kerros
Caverna	Luola
Continente	Maanosa
Coral	Koralli
Cristales	Crystal
Cuarzo	Kvartsi
Erosión	Eroosio
Estalactita	Stalactite
Estalagmitas	Stalagmiitit
Fósil	Fossiili
Géiser	Geysir
Lava	Lava
Meseta	Tasanko
Minerales	Mineraali
Piedra	Kivi
Sal	Suola
Terremoto	Maanjäristys
Volcán	Volcano

Geometría
Geometria

Altura	Korkeus
Ángulo	Kulma
Cálculo	Laskeminen
Curva	Käyrä
Diámetro	Halkaisija
Dimensión	Ulottuvuus
Ecuación	Yhtälö
Horizontal	Vaaka
Lógica	Logiikka
Masa	Massa
Mediana	Mediaani
Número	Numero
Paralelo	Rinnakkainen
Proporción	Osa
Segmento	Segmentti
Simetría	Symmetria
Superficie	Pinta
Teoría	Teoria
Triángulo	Kolmio
Vertical	Loddrett

Gobierno
Hallitus

Ciudadanía	Kansalaisuus
Civil	Siviili-
Constitución	Konstitusjon
Democracia	Demokratia
Discurso	Puhe
Discusión	Keskustelu
Distrito	Piiri
Estado	Valtio
Igualdad	Tasa-Arvo
Judicial	Rettslig
Justicia	Oikeus
Ley	Laki
Libertad	Vapaus
Líder	Johtaja
Monumento	Monumentti
Nacional	Kansallinen
Nación	Kansakunta
Pacífico	Rauhallinen
Política	Politiikka
Símbolo	Symboli

Granja #1
Maatila nro 1

Abeja	Mehiläinen
Agricultura	Maatalous
Agua	Vesi
Arroz	Riisi
Burro	Aasi
Caballo	Hevonen
Cabra	Vuohi
Campo	Kenttä
Cuervo	Varis
Fertilizante	Lannoite
Gato	Kissa
Heno	Heinä
Miel	Hunaja
Perro	Koira
Pollo	Kana
Semillas	Siemenet
Ternero	Vasikka
Tierra	Maa
Vaca	Lehmä
Valla	Aita

Granja #2
Maatila # 2

Agricultor	Viljelijä
Animales	Eläimet
Cebada	Ohra
Colmena	Mehiläispesä
Comida	Ruoka
Cordero	Karitsa
Fruta	Hedelmä
Granero	Lato
Huerto	Hedelmätarha
Leche	Maito
Llama	Laama
Maíz	Maissi
Oveja	Lammas
Pastor	Paimen
Pato	Ankka
Prado	Niitty
Riego	Kastelu
Tractor	Traktori
Trigo	Vehnä
Vegetal	Vihannes

Herboristería
Herbalismi

Ajo	Valkosipuli
Albahaca	Basilika
Aromático	Aromaattinen
Azafrán	Maustesahrami
Calidad	Laatu
Culinario	Kulinaarinen
Eneldo	Tilli
Estragón	Rakuuna
Flor	Kukka
Hinojo	Fenkoli
Ingrediente	Ainesosa
Jardín	Puutarha
Lavanda	Laventeli
Mejorana	Meirami
Menta	Minttu
Perejil	Persilja
Planta	Kasvi
Romero	Rosmariini
Sabor	Maku
Verde	Vihreä

Ingeniería
Suunnittelu

Ángulo	Kulma
Cálculo	Laskeminen
Construcción	Rakentaminen
Diagrama	Kaavio
Diámetro	Halkaisija
Diesel	Diesel
Distribución	Jakelu
Eje	Akseli
Energía	Energia
Estabilidad	Vakaus
Estructura	Rakenne
Fricción	Kitka
Fuerza	Vahvuus
Líquido	Neste
Máquina	Kone
Medición	Mittaus
Motor	Moottori
Palancas	Vipu
Profundidad	Syvyys
Propulsión	Propulsio

Inmigración
Maahanmuuttovirasto

Administración	Hallinto
Adultos	Aikuiset
Aprobación	Hyväksyntä
Comunicación	Viestintä
Documentos	Asiakirja
Estrés	Stressi
Fecha Límite	Takaraja
Financiación	Rahoitus
Fronteras	Raja
Idioma	Kieli
Ley	Laki
Negociación	Neuvottelu
Niños	Lapset
Oficial	Upseeri
Proceso	Prosessi
Protección	Suojelu
Situación	Tilanne
Solución	Ratkaisu
Vivienda	Asuminen

Insectos
Hyönteiset

Abeja	Mehiläinen
Avispa	Ampiainen
Avispón	Hornet
Áfido	Kirva
Cigarra	Cicada
Cucaracha	Torakka
Gusano	Mato
Hormiga	Muurahainen
Langosta	Gresshoppe
Larva	Toukka
Libélula	Sudenkorento
Mantis	Sirkka
Mariposa	Perhonen
Mariquita	Leppäkerttu
Mosquito	Hyttynen
Polilla	Koi
Pulga	Kirppu
Saltamontes	Heinäsirkka
Termita	Termiitti

Instrumentos Musicales
Soittimet

Armónica	Huuliharppu
Arpa	Harppu
Banjo	Banjo
Clarinete	Klarinetti
Fagot	Fagotti
Flauta	Huilu
Gong	Gong
Guitarra	Kitara
Mandolina	Mandoliini
Marimba	Marimba
Oboe	Oboe
Pandereta	Tamburiini
Piano	Piano
Saxofón	Saksofoni
Tambor	Rumpu
Trombón	Pasuuna
Trompeta	Trumpetti
Violín	Viulu
Violonchelo	Sello

Jardín
Puutarha

Arbusto	Puska
Árbol	Puu
Banco	Penkki
Césped	Nurmikko
Estanque	Lampi
Flor	Kukka
Garaje	Autotalli
Hamaca	Riippumatto
Hierba	Ruoho
Huerto	Hedelmätarha
Jardín	Puutarha
Malezas	Ugress
Manguera	Letku
Pala	Lapio
Porche	Kuisti
Rastrillo	Rake
Suelo	Maaperä
Terraza	Terassi
Trampolín	Trampoliini
Valla	Aita

Jazz
Jazz

Artista	Taiteilija
Álbum	Albumi
Canción	Laulu
Composición	Koostumus
Compositor	Säveltäjä
Concierto	Konsertti
Estilo	Tyyli
Énfasis	Painotus
Famoso	Kuuluisa
Favoritos	Suosikit
Género	Laji
Improvisación	Improvisaatio
Música	Musiikki
Nuevo	Uusi
Orquesta	Orkesteri
Ritmo	Rytmi
Talento	Kyky
Tambores	Rummut
Técnica	Tekniikka
Viejo	Vanha

Libros
Kirjat

Autor	Tekijä
Aventura	Seikkailu
Colección	Kokoelma
Contexto	Konteksti
Dualidad	Kaksinaisuus
Escrito	Skriftlig
Historia	Tarina
Humorístico	Humoristinen
Inmersión	Upotus
Inventivo	Kekseliäs
Lector	Lukija
Narrador	Kertoja
Novela	Romaani
Palabras	Sanat
Página	Sivu
Pertinente	Relevaantia
Poema	Runo
Poesía	Runous
Serie	Sarja
Trágico	Traaginen

Literatura
Kirjallisuus

Analogía	Analogia
Análisis	Analyysi
Anécdota	Anekdootti
Autor	Tekijä
Biografía	Elämäkerta
Comparación	Vertailu
Conclusión	Päätelmä
Descripción	Kuvaus
Diálogo	Dialog
Estilo	Tyyli
Ficción	Fiktiota
Metáfora	Metafora
Narrador	Kertoja
Novela	Romaani
Poema	Runo
Poético	Runollinen
Rima	Loppusointu
Ritmo	Rytmi
Tema	Teema
Tragedia	Tragedia

Los Medios de Comunicación
Media

Actitudes	Asenteet
Comercial	Kaupallinen
Comunicación	Viestintä
Digital	Digitaalinen
Edición	Painos
Educación	Koulutus
En Línea	Verkossa
Financiación	Rahoitus
Fotos	Kuvat
Hechos	Fakta
Individual	Yksilö
Industria	Industri
Intelectual	Älyllinen
Local	Paikallinen
Opinión	Lausunto
Periódicos	Sanomalehti
Público	Julkinen
Radio	Radio
Red	Verkko
Televisión	Televisio

Mamíferos
Merinisäkkäiden

Ballena	Valas
Burro	Aasi
Caballo	Hevonen
Camello	Kameli
Canguro	Kenguru
Cebra	Seepra
Conejo	Kani
Coyote	Kojootti
Delfín	Delfiini
Elefante	Norsu
Gato	Kissa
Gorila	Gorilla
Jirafa	Kirahvi
Lobo	Susi
Mono	Apina
Oso	Karhu
Oveja	Lammas
Perro	Koira
Toro	Härkä
Zorro	Kettu

Matemáticas
Matematiikka

Aritmética	Aritmeettinen
Ángulos	Kulmat
Circunferencia	Ympärysmitta
Cuadrado	Neliö
Decimal	Desimaali
Diámetro	Halkaisija
Ecuación	Yhtälö
Exponente	Eksponentti
Fracción	Jae
Geometría	Geometria
Números	Numero
Paralelo	Rinnakkainen
Paralelogramo	Suunnikas
Perímetro	Kehä
Polígono	Monikulmio
Radio	Säde
Rectángulo	Suorakulmio
Simetría	Symmetria
Triángulo	Kolmio
Volumen	Tilavuus

Mediciones
Mittaus

Altura	Korkeus
Ancho	Leveys
Byte	Tavu
Centímetro	Senttimetri
Decimal	Desimaali
Grado	Aste
Gramo	Gramma
Kilogramo	Kilogramma
Kilómetro	Kilometri
Litro	Litra
Longitud	Pituus
Masa	Massa
Metro	Mittari
Minuto	Minuutti
Onza	Unssi
Peso	Paino
Profundidad	Syvyys
Pulgada	Tuuma
Tonelada	Tonni
Volumen	Tilavuus

Meditación
Meditaatio

Aceptación	Hyväksyminen
Atención	Huomio
Bondad	Ystävällisyys
Calma	Rauhallinen
Claridad	Selkeys
Compasión	Myötätunto
Emociones	Tunne
Gratitud	Kiitollisuus
Mental	Henkistä
Mente	Mieli
Movimiento	Liike
Música	Musiikki
Naturaleza	Luonto
Observación	Havainto
Paz	Rauha
Pensamientos	Ajatuksia
Perspectiva	Näkökulma
Postura	Ryhti
Respiración	Hengitys
Silencio	Hiljaisuus

Mitología
Mytologia

Arquetipo	Arketype
Celos	Kateus
Cielo	Taivas
Creación	Luominen
Creencias	Uskomukset
Criatura	Olento
Cultura	Kulttuuri
Deidades	Jumalat
Desastre	Katastrofi
Fuerza	Vahvuus
Guerrero	Soturi
Heroína	Sankaritar
Héroe	Sankari
Laberinto	Labyrintti
Leyenda	Legenda
Monstruo	Hirviö
Mortal	Kuolevainen
Rayo	Salama
Trueno	Ukkonen
Venganza	Kosto

Moda
Muoti

Asequible	Edullinen
Bordado	Broderi
Botones	Painikkeet
Boutique	Boutique
Caro	Kallis
Elegante	Tyylikäs
Encaje	Pitsi
Estilo	Tyyli
Mediciones	Mitat
Moderno	Moderni
Modesto	Vaatimaton
Original	Alkuperäinen
Patrón	Kuvio
Práctico	Praktisk
Ropa	Vaate
Sofisticado	Hienostunut
Tejido	Kangas
Tendencia	Suuntaus
Textura	Rakenne

Música
Musiikki

Armonía	Harmonia
Armónico	Harmoninen
Álbum	Albumi
Balada	Balladi
Cantante	Laulaja
Cantar	Laulaa
Clásico	Klassinen
Coro	Kertosäe
Grabación	Äänite
Improvisar	Improvisoida
Instrumento	Väline
Melodía	Melodia
Micrófono	Mikrofoni
Musical	Musiikki
Músico	Muusikko
Ópera	Ooppera
Poético	Runollinen
Ritmo	Rytmi
Tempo	Tempo
Vocal	Laulu

Naturaleza
Luonto

Abejas	Mehiläinen
Animales	Eläimet
Ártico	Arktinen
Belleza	Kauneus
Bosque	Metsä
Desierto	Aavikko
Dinámico	Dynaaminen
Erosión	Eroosio
Follaje	Lehtien
Glaciar	Jäätikkö
Montañas	Vuoret
Niebla	Sumu
Nubes	Pilvi
Refugio	Suoja
Río	Joki
Salvaje	Villi
Santuario	Pyhäkkö
Sereno	Rauhallinen
Tropical	Trooppinen
Vital	Tärkeä

Negocio
Liiketoimintaa

Carrera	Ura
Costo	Kustannus
Descuento	Alennus
Dinero	Raha
Economía	Talous
Empleado	Työntekijä
Empleador	Työnantaja
Empresa	Yhtiö
Fábrica	Tehdas
Finanzas	Rahoitus
Impuestos	Verot
Inversión	Sijoitus
Mercancía	Tavara
Moneda	Valuutta
Oficina	Toimisto
Presupuesto	Budsjett
Tienda	Myymälä
Trabajo	Työ
Transacción	Kauppa
Venta	Myynti

Nutrición
Ravitsemus

Amargo	Katkera
Apetito	Ruokahalu
Calidad	Laatu
Calorías	Kalori
Carbohidratos	Karbohydrater
Cereales	Vilja
Comestible	Syötävä
Dieta	Ruokavalio
Digestión	Ruoansulatus
Equilibrado	Tasapainoinen
Fermentación	Käyminen
Nutriente	Næringsstoff
Peso	Paino
Proteínas	Proteiini
Sabor	Maku
Salsa	Kastike
Salud	Terveys
Saludable	Terve
Toxina	Myrkky
Vitamina	Vitamiini

Números
Numerot

Catorce	Neljätoista
Cero	Nolla
Cinco	Viisi
Cuatro	Neljä
Decimal	Desimaali
Dieciséis	Kuusitoista
Diez	Kymmenen
Doce	Kaksitoista
Dos	Kaksi
Matemática	Matematiikka
Nueve	Yhdeksän
Ocho	Kahdeksan
Quince	Viisitoista
Seis	Kuusi
Siete	Seitsemän
Trece	Kolmetoista
Tres	Kolme
Uno	Yksi
Veinte	Kaksikymmentä

Océano
Valtameri

Alga	Levät
Anguila	Ankerias
Arrecife	Riutta
Atún	Tunfisk
Ballena	Valas
Barco	Vene
Camarón	Katkaravut
Cangrejo	Rapu
Coral	Koralli
Delfín	Delfiini
Esponja	Sieni
Mareas	Tidevann
Medusa	Manet
Ostra	Osteri
Pescado	Kala
Pulpo	Mustekala
Sal	Suola
Tiburón	Hai
Tormenta	Myrsky
Tortuga	Kilpikonna

Paisajes
Maisemat

Cascada	Vesiputous
Cueva	Luola
Desierto	Aavikko
Estuario	Suisto
Géiser	Geysir
Glaciar	Jäätikkö
Iceberg	Jäävuori
Isla	Saari
Lago	Järvi
Laguna	Laguuni
Mar	Meri
Montaña	Vuori
Oasis	Keidas
Pantano	Suo
Península	Niemimaa
Playa	Ranta
Río	Joki
Tundra	Tundra
Valle	Laakso
Volcán	Volcano

Países #1
Maat #1

Alemania	Saksa
Argentina	Argentiina
Bélgica	Belgia
Brasil	Brasilia
Canadá	Kanada
Ecuador	Ecuador
Egipto	Egypti
España	Espanja
Filipinas	Filippiinit
Honduras	Honduras
India	Intia
Italia	Italia
Libia	Libya
Malí	Mali
Marruecos	Marokko
Nicaragua	Nicaragua
Noruega	Norja
Panamá	Panama
Polonia	Puola
Venezuela	Venezuela

Países #2
Maat #2

Albania	Albania
Australia	Australia
Austria	Itävalta
Dinamarca	Tanska
Etiopía	Etiopia
Francia	Ranska
Grecia	Kreikka
Indonesia	Indonesia
Irlanda	Irlanti
Jamaica	Jamaika
Japón	Japani
Laos	Laos
México	Meksiko
Pakistán	Pakistan
Portugal	Portugali
Rusia	Venäjä
Siria	Syyria
Sudán	Sudan
Ucrania	Ukraina
Uganda	Uganda

Pájaros
Linnut

Avestruz	Strutsi
Águila	Kotka
Canario	Kanarifugl
Cigüeña	Haikara
Cisne	Joutsen
Cuco	Käki
Cuervo	Varis
Flamenco	Flamingo
Ganso	Hanhi
Gaviota	Lokki
Gorrión	Varpunen
Halcón	Haukka
Huevo	Muna
Loro	Papukaija
Paloma	Kyyhkynen
Pato	Ankka
Pelícano	Pelikaani
Pingüino	Pingviini
Pollo	Kana
Tucán	Toukaanin

Plantas
Kasveja

Arbusto	Puska
Árbol	Puu
Bambú	Bambu
Baya	Marja
Bosque	Metsä
Botánica	Kasvitiede
Cactus	Kaktus
Fertilizante	Lannoite
Flor	Kukka
Flora	Kasvisto
Follaje	Lehtien
Frijol	Papu
Hiedra	Muratti
Hierba	Ruoho
Hoja	Puun Lehti
Jardín	Puutarha
Musgo	Sammal
Pétalo	Terälehti
Raíz	Juuri
Vegetación	Kasvillisuus

Profesiones #1
Ammatit nro 1

Abogado	Asianajaja
Atleta	Urheilija
Bailarín	Tanssija
Banquero	Pankkiiri
Bombero	Palomies
Cartógrafo	Kartografi
Cazador	Metsästäjä
Científico	Tiedemies
Doctor	Lääkäri
Editor	Redaktør
Enfermera	Hoitaja
Entrenador	Valmentaja
Fontanero	Putkimies
Geólogo	Geologi
Joyero	Kultaseppä
Marinero	Merimies
Músico	Muusikko
Pianista	Pianisti
Psicólogo	Psykologi
Veterinario	Eläinlääkäri

Profesiones #2
Ammatit #2

Agricultor	Viljelijä
Astronauta	Astronautti
Biólogo	Biologi
Cirujano	Kirurgi
Dentista	Hammaslääkäri
Detective	Etsivä
Editor	Kustantaja
Filósofo	Filosofi
Fotógrafo	Valokuvaaja
Ilustrador	Kuvittaja
Ingeniero	Insinööri
Inventor	Keksijä
Investigador	Tutkija
Jardinero	Puutarhuri
Médico	Lääkäri
Periodista	Toimittaja
Piloto	Pilotti
Pintor	Taidemaalari
Profesor	Opettaja
Químico	Kemisti

Química
Kemia

Alcalino	Emäksinen
Ácido	Happo
Calor	Lämpö
Carbono	Hiili
Catalizador	Katalysator
Cloro	Kloori
Electrón	Elektroni
Enzima	Entsyymi
Gas	Kaasu
Hidrógeno	Vety
Ion	Ioni
Líquido	Neste
Metales	Metallit
Molécula	Molekyyli
Nuclear	Ydin
Oxígeno	Happi
Peso	Paino
Reacción	Reaktio
Sal	Suola
Temperatura	Lämpötila

Restaurante #1
Ravintola nro 1

Alergia	Allergia
Café	Kahvi
Camarera	Tarjoilija
Carne	Liha
Cocina	Keittiö
Comer	Syödä
Comida	Ruoka
Cuchillo	Veitsi
Ingredientes	Aine
Menú	Valikko
Pan	Leipä
Picante	Mausteinen
Plato	Levy
Pollo	Kana
Postre	Jälkiruoka
Reserva	Varaus
Salsa	Kastike
Servilleta	Lautasliina
Tazón	Kulho

Restaurante #2
Ravintola nro 2

Agua	Vesi
Almuerzo	Lounas
Aperitivo	Alkupala
Bebida	Juoma
Camarero	Tarjoilija
Cena	Illallinen
Cuchara	Lusikka
Delicioso	Herkullinen
Ensalada	Salaatti
Especias	Mausteet
Fruta	Hedelmä
Hielo	Jään
Huevos	Munat
Pastel	Kakku
Pescado	Kala
Sal	Suola
Silla	Tuoli
Sopa	Suppe
Tenedor	Haarukka
Verduras	Vihannes

Ropa
Vaatteensa

Blusa	Pusero
Bufanda	Huivi
Calcetines	Sukat
Camisa	Paita
Chaqueta	Takki
Cinturón	Vyö
Collar	Kaulakoru
Delantal	Esiliina
Falda	Hame
Guantes	Käsineet
Joyas	Korut
Moda	Muoti
Pantalones	Housut
Pijama	Pyjama
Pulsera	Armbånd
Sandalias	Sandaalit
Sombrero	Hattu
Suéter	Villapaita
Vestido	Mekko
Zapato	Kenkä

Salud y Bienestar #1
Terveys ja Hyvinvointi #1

Activo	Aktiivinen
Altura	Korkeus
Bacterias	Bakteerit
Clínica	Klinikka
Doctor	Lääkäri
Farmacia	Apteekki
Fractura	Murtuma
Hambre	Nälkä
Hábito	Tottumus
Huesos	Luut
Medicina	Lääke
Músculos	Lihakset
Nervios	Hermot
Piel	Iho
Postura	Ryhti
Reflejo	Refleksi
Relajación	Rentoutuminen
Terapia	Terapia
Tratamiento	Hoito
Virus	Virus

Salud y Bienestar #2
Terveys ja Hyvinvointi #2

Alergia	Allergia
Anatomía	Anatomia
Apetito	Ruokahalu
Caloría	Kalori
Dieta	Ruokavalio
Digestión	Ruoansulatus
Energía	Energia
Enfermedad	Sairaus
Estrés	Stressi
Genética	Genetiikka
Higiene	Hygienia
Hospital	Sairaala
Infección	Infektio
Masaje	Hieronta
Nutrición	Ravitsemus
Peso	Paino
Recuperación	Elpyminen
Saludable	Terve
Sangre	Veri
Vitamina	Vitamiini

Suministros de Arte
Taide-Tarvikkeet

Aceite	Öljy
Acrílico	Akryyli
Acuarelas	Akvarellit
Agua	Vesi
Arcilla	Savi
Borrador	Pyyhekumi
Caballete	Maalausteline
Cámara	Kamera
Cepillos	Harjat
Colores	Väri
Creatividad	Luovuus
Ideas	Ideoita
Lápices	Kynä
Mesa	Pöytä
Papel	Paperi
Pegamento	Liima
Pinturas	Maalit
Silla	Tuoli
Tinta	Muste

Tecnología
Teknologia

Archivo	Tiedosto
Blog	Blogi
Bytes	Tavua
Cámara	Kamera
Cursor	Kursori
Datos	Tiedot
Digital	Digitaalinen
Estadísticas	Tilastot
Fuente	Fontti
Internet	Internet
Investigación	Tutkimus
Mensaje	Viesti
Navegador	Selain
Ordenador	Tietokone
Pantalla	Näyttö
Seguridad	Turvallisuus
Software	Ohjelmisto
Virtual	Virtuaalinen
Virus	Virus

Tiempo
Aika

Ahora	Nyt
Antes	Ennen
Año	Vuosi
Ayer	Eilen
Calendario	Kalenteri
Década	Vuosikymmen
Día	Päivä
Futuro	Tulevaisuus
Hora	Tunnin
Hoy	Tänään
Mañana	Aamu
Mediodía	Keskipäivä
Mes	Kuukausi
Minuto	Minuutti
Momento	Hetki
Noche	Yö
Reloj	Kello
Semana	Viikko
Siglo	Vuosisata
Temprano	Aikainen

Tipos de Cabello
Hiusten Tyypit

Blanco	Valkoinen
Brillante	Kiiltävä
Calvo	Kalju
Corto	Lyhyt
Delgada	Ohut
Gris	Harmaa
Grueso	Paksu
Largo	Pitkä
Marrón	Ruskea
Negro	Musta
Ondulado	Aaltoileva
Plata	Hopea
Rizado	Kihara
Rizos	Kiharat
Rubio	Vaalea
Saludable	Terve
Seco	Kuiva
Suave	Pehmeä
Trenzado	Punottu
Trenzas	Punos

Universo
Maailmankaikkeus

Asteroide	Asteroidi
Astronomía	Tähtitiede
Atmósfera	Ilmainen
Celestial	Taivaallinen
Cielo	Taivas
Cósmico	Kosminen
Ecuador	Päiväntasaaja
Eón	Eon
Galaxia	Galaksi
Hemisferio	Halvkule
Horizonte	Horisontti
Latitud	Leveysaste
Longitud	Pituusaste
Luna	Kuu
Oscuridad	Pimeys
Solar	Aurinko
Solsticio	Päivänseisaus
Telescopio	Kaukoputki
Visible	Näkyvä
Zodíaco	Zodiakki

Vacaciones #2
Loma #2

Aeropuerto	Lufthavn
Carpa	Teltta
Destino	Kohde
Extranjero	Ulkomaalainen
Fotos	Kuvat
Hotel	Hotelli
Isla	Saari
Mapa	Kartta
Mar	Meri
Ocio	Vapaa
Pasaporte	Passi
Playa	Ranta
Reservas	Varaukset
Restaurante	Ravintola
Taxi	Taksi
Transporte	Kuljetus
Tren	Kouluttaa
Vacaciones	Loma
Viaje	Matka
Visa	Viisumi

Vehículos
Ajoneuvot

Ambulancia	Ambulanssi
Autobús	Bussi
Avión	Lentokone
Balsa	Lautta
Barco	Vene
Bicicleta	Polkupyörä
Camión	Kuka
Coche	Auto
Cohete	Raketti
Furgoneta	Varebil
Helicóptero	Helikopteri
Lanzadera	Sukkula
Metro	Metro
Motor	Moottori
Neumáticos	Renkaat
Scooter	Scooter
Submarino	Sukellusvene
Taxi	Taksi
Tractor	Traktori
Tren	Kouluttaa

Verduras
Vihannekset

Ajo	Valkosipuli
Alcachofa	Artisokka
Apio	Selleri
Berenjena	Munakoiso
Brócoli	Parsakaali
Calabaza	Kurpitsa
Cebolla	Sipuli
Ensalada	Salaatti
Espinacas	Pinaatti
Guisante	Herne
Jengibre	Inkivääri
Nabo	Nauris
Oliva	Oliivi
Patata	Peruna
Pepino	Kurkku
Perejil	Persilja
Rábano	Retiisi
Seta	Sieni
Tomate	Tomaatti
Zanahoria	Porkkana

Enhorabuena

Lo has conseguido!

Esperamos que hayas disfrutado de este libro tanto como nosotros al diseñarlo. Nos esforzamos por crear libros de la máxima calidad posible.
Esta edición está diseñada para proporcionar un aprendizaje inteligente, de calidad y divertido!

¿Te ha gustado este libro?

Una Petición Sencilla

Estos libros existen gracias a las reseñas que se publican.
¿Podrías ayudarnos dejando una reseña ahora?
Aquí tienes un breve enlace a la página de reseñas

BestBooksActivity.com/Opiniones50

¡DESAFÍO FINAL!

Reto n°1

¿Estás listo para tu juego gratis? Los utilizamos siempre, pero no son tan fáciles de encontrar. ¡Aquí están los **Sinónimos!**
Escribe 5 palabras que hayas encontrado en los rompecabezas (#21, #36, #76) y trata de encontrar 2 sinónimos para cada palabra.

Escriba 5 palabras del **Puzzle 21**

Palabras	Sinónimo 1	Sinónimo 2

Escriba 5 palabras del **Puzzle 36**

Palabras	Sinónimo 1	Sinónimo 2

Escriba 5 palabras del **Puzzle 76**

Palabras	Sinónimo 1	Sinónimo 2

Reto n°2

Ahora que te has calentado, escribe 5 palabras que hayas encontrado en los Puzzles 9, 17 y 25 e intenta encontrar 2 antónimos para cada palabra. ¿Cuántos puedes encontrar en 20 minutos?

Escriba 5 palabras del **Puzzle 9**

Palabras	Antónimo 1	Antónimo 2

Escriba 5 palabras del **Puzzle 17**

Palabras	Antónimo 1	Antónimo 2

Escriba 5 palabras del **Puzzle 25**

Palabras	Antónimo 1	Antónimo 2

Reto n°3

¡Genial! Este desafío final no es nada para ti.

¿Preparado para el reto final? Elige 10 palabras que hayas descubierto en los diferentes rompecabezas y escríbelas a continuación.

1.	6.
2.	7.
3.	8.
4.	9.
5.	10.

Ahora escribe un texto pensando en una persona, un animal o un lugar que te guste.

Puedes usar la última página de este libro como borrador.

Tu Composición:

CUADERNO DE NOTAS :

HASTA PRONTO !

Todo el Equipo

DESCUBRA
JUEGOS
GRATIS
GO
BESTACTIVITYBOOKS.COM/FREEGAMES

www.ingramcontent.com/pod-product-compliance
Lightning Source LLC
LaVergne TN
LVHW081115041025
822716LV00062B/3166